외국인을 위한

한국어

한국외국어대학교 한국어문화교육원
CENTER FOR KOREAN LANGUAGE & CULTURE
HANKUK UNIVERSITY OF FOREIGN STUDIES

Workbook 4

교재 구성표

과	주제	말해 봅시다	알아봅시다	들어 봅시다	읽어 봅시다	문화를 배워 봅시다
1						
2	초대와 방문	설날에 떡국을 먹어야 나이를 한 살 더 먹는다지요?	-기는커녕 -느니 차라리 -은/는 셈이다 -는 김에	한국 친구의 집 방문	이사 떡 대신 수건	폐백
3		이왕 한국 결혼식을 볼 거면 제대로 봐야죠	-(으)ㄹ 테니까 이왕 -(으)ㄹ 거면 -만 한 -이/가 없다 -(는)다고 난리이다	한국의 대표적인 축제	일석삼조 주중 결혼식	
4						
5	일상생활	방이 더 컸더라면 좋았을 걸 그랬어요	-는 바람에 -았/었/였더라면 -도록 하다 -더니	기숙사 규칙	편의점의 성장	한국의 다양한 시장
6		인터넷 쇼핑이 얼마나 편리한지 몰라	얼마나 -(으)ㄴ/는지 모르다/알다 -기는 -하다 -았/었/였더니 그나저나	대형마트와 전통시장	일상의 행복한 변화, 스마트 홈 시대	
7						
8	문화 차이	배고파 죽겠어요	-기 마련이다 -스럽다 -더라도 속담	한국인의 정 문화	대인 거리	한국의 방 문화
9		나이는 숫자에 불과하잖아요	-에 불과하다 -던 때가 엊그제 같다 -다더니	여러 나라의 인사법	외국인이 본 한국 문화	
10						
11	전통문화	대보름 음식을 먹는 데 의의가 있지요	-못지않다 -든지 -에 의의가 있다 -아/어/여야 제격이다	명절 증후군	한국의 떡	국악
12		단군이 세운 나라가 바로 고조선이구나!	-에 의하면 -조차 -마저 -삼다	전래 동화 〈흥부와 놀부〉	김장 문화	
13						
14	환경문제	일회용품은 환경 문제의 주범이래요	-치고 -(으)ㄴ 채(로) -거든 동의표현	빈 그릇 운동	환경을 살리는 자전거 타기	녹색 성장

과	주제	말해 봅시다	알아봅시다	들어 봅시다	읽어 봅시다	문화를 배워 봅시다
15		야외 활동을 피하는 게 좋겠어요	-길래 -(는)다든지 -(는)다든지 -는 대로 -기(가) 일쑤이다	지구 온난화로 인한 이상기후	물 발자국	
16	취미 생활					한국 여행지
17		제가 이래봬도 등산 동호회 회장이에요	-(으)ㄹ 게 뻔하다 -(으)ㄹ 게 뭐 있나요? (비록) -(는)다 해도 이래봬도/그래봬도/저래봬도	혼자 하는 취미와 여럿이 하는 취미	키덜트 문화	
18		도심에서 벗어나 자연을 느낄 수 있을 거예요	-(으)ㄹ 겸해서 -(으)ㄴ 나머지 -아/어/여야 신체관용어구	돈이 되는 취미	전주한옥마을	
19	대학 생활					조선시대 교육기관
20		대학 생활이 여간 재미있지 않대요	이렇게 - 아/어/여서야 (어디) -(는)다면야 -(으)ㄹ 게 없다 여간 -지 않다 통	신입생 후배들에게 해 주는 조언	대학생들의 현실적인 고민	
21		발표를 망치고 말았어요	-아/어/여다가 -(으)ㄴ/는데도불구하고 -고(야) 말다 -(으)ㄴ/는 게 다 뭐예요?	대학 입학 정보	내가 살 집은 어디에 있나?	
22	대중매체와 대중문화					한국의 영화제
23		그 영화가 어떤 내용이길래 그래요?	의문사 + 길래 -곤 하다 사자성어 너 나 할 것 없이	스마트폰 중독	개인 방송 시대 열려	
24		근거 없는 소문으로 인해서 큰 피해를 입잖아	-(이)나마 -(으)ㄴ/는 듯싶다 -만 못하다 -(으)로 인해서	과장 광고	TV 시청자 비평 - TV속으로	
25	졸업과 사회생활					한국의 기업
26		졸업을 축하해요	-(이)나 다름없다 -만(에) -(으)면 좋으련만	다양한 면접 방식	신생 직업, 이색 직업	
27		여러 나라와 관계가 있는 일을 하고자 합니다	-고자 하다 -고도 남다 -듯이	졸업 축사	직장 생활 잘하는 법	

차례

어휘와 표현

1. 알맞은 것을 골라 문장을 완성하십시오.

| 무럭무럭 | 명복 | 부자 | 화목하다 | 쾌유 |

(1) 집들이: _______________ 되세요.

(2) 결혼식: _______________ 가정 이루세요.

(3) 병문안: 빠른 _______________ 바랍니다.

(4) 장례식: 삼가 고인의 _______________을/를 빕니다.

(5) 돌잔치: _______________ 건강하게 자라기를 바랍니다.

2. 다음은 방문 예절에 대한 글입니다. 알맞은 것을 골라 글을 완성하십시오.

| 수저를 들다 | 무릎을 꿇다 | 인사를 드리다 | 권하다 |

우선 집에 들어가면 어른들께 (1)_______________. 바닥에 앉게 된다면 (2)_______________ 앉는다. 어른께서 편하게 앉으라고 하시면 그때 편한 자세로 바꾼다. 그리고 식사할 때는 어른들께서 자리에 앉으실 때까지 기다렸다가 (3)_______________ 자리에 앉고, 어른께서 (4)_______________ 때까지 기다렸다가 같이 식사를 하면 된다. 그 밖에 먹는 소리를 크게 내거나 양손을 사용하거나 급하게 먹는 건 좋지 않다.

3. 초대와 방문에 사용하는 표현입니다. '가'에 이어질 대답으로 알맞은 것을 보기 에서 골라 쓰십
시오.

> 보기
> · 입맛에 맞으실지 모르겠네요.
> · 아쉽지만 다음 기회에 꼭 오세요.
> · 차린 게 없다니요. 상다리가 부러지겠어요.
> · 뭘 이런 걸 다……. 다음부터는 그냥 오세요.
> · 죄송해요. 그날 선약이 있어서 좀 어렵겠네요.
> · 바쁘신데 시간 내 주셔서 감사합니다. 다음에 또 놀러 오세요.

(1) 가: 차린 건 없지만 많이 드세요.

　　나:

(2) 가: 잘 놀다 갑니다. 덕분에 오늘 즐거웠어요.

　　나:

(3) 가: 별 거 아니지만……. 오다가 맛있어 보여서 사왔어요.

　　나:

(4) 가: 이번 토요일 오후에 시간 되세요? 집들이를 하려고 하는데요.

　　나:

4. 위의 표현을 사용해서 상황에 맞게 대화를 써 봅시다.

초대하고 초대에 응하는 상황 / 거절하는 상황 / 친구의 집에 방문하는 상황

가: ＿＿＿＿＿＿＿＿＿＿＿＿＿＿＿＿＿＿＿＿＿＿＿＿＿＿＿＿＿＿

나: ＿＿＿＿＿＿＿＿＿＿＿＿＿＿＿＿＿＿＿＿＿＿＿＿＿＿＿＿＿＿

가: ＿＿＿＿＿＿＿＿＿＿＿＿＿＿＿＿＿＿＿＿＿＿＿＿＿＿＿＿＿＿

나: ＿＿＿＿＿＿＿＿＿＿＿＿＿＿＿＿＿＿＿＿＿＿＿＿＿＿＿＿＿＿

가: ＿＿＿＿＿＿＿＿＿＿＿＿＿＿＿＿＿＿＿＿＿＿＿＿＿＿＿＿＿＿

나: ＿＿＿＿＿＿＿＿＿＿＿＿＿＿＿＿＿＿＿＿＿＿＿＿＿＿＿＿＿＿

어휘와 표현

1. 알맞은 것을 골라 문장을 완성하십시오.

성숙	무병장수	홍보	약도	존재

(1) 나이를 먹었다고 해서 인격이 ＿＿＿＿＿＿ 한 것은 아니다.

(2) SNS를 통한 신제품 ＿＿＿＿＿＿이/가 큰 효과를 거두고 있다.

(3) 결혼식장을 찾는 데 청첩장에 있는 ＿＿＿＿＿＿이/가 큰 도움이 됐다.

(4) 가까운 곳에서 살고 있었지만 사람들은 그의 ＿＿＿＿＿＿을/를 알지 못했다.

(5) 아기가 태어나서 처음 맞는 생일인 '돌'은 아기가 1년 동안 큰 병 없이 지낸 것을 축하

하고 앞으로 ＿＿＿＿＿＿ 하라는 의미를 담고 있는 생일잔치이다.

2. 알맞은 것을 골라 이야기를 완성하십시오.

나이를 먹다	기대가 되다	아쉽다

일주일 후면 한 해가 지나게 된다. 올해 힘든 일, (1)＿＿＿＿＿＿ 일도 있었지만 행복하고 소중한 일들이 참 많았다. 힘들었을 때 내 옆에서 큰 힘이 되어준 친구들이 떠오른다. 나는 항상 받기만 한 것 같아서 미안한데 앞으로는 나도 친구들에게 도움이 되고 싶다. 내년에는 어떤 일이 생길지 벌써 (2)＿＿＿＿＿＿. 한 살 더 (3)＿＿＿＿＿＿(으)니까 더욱 성숙해져야겠다.

−기는커녕 I

1. 보기와 같이 대화를 완성하십시오.

> 보기 가: 요즘에도 아침마다 수영하세요?
> 나: 너무 늦게 일어나서 (수영) **수영은커녕** 수영복 갈아입을 시간도 없어요.

(1) 가: 발표 준비 다 끝냈어요?

　　나: (다 끝내다) ＿＿＿＿＿＿＿＿＿＿＿＿＿＿ 발표 주제도 못 정했어요.

(2) 가: 한국 요리를 잘한다면서요? 김치도 담글 줄 알아요?

　　나: (김치를 담그다) ＿＿＿＿＿＿＿＿＿＿＿ 김치찌개도 못 끓여요.

(3) 가: 오늘 화장을 예쁘게 하셨네요. 이따가 어디에 가세요?

　　나: 네? 오늘 늦게 일어나서 (화장) ＿＿＿＿＿＿＿＿＿＿ 세수도 못 했는데요.

(4) 가: 지영 씨가 어제 일을 반성하고 있겠지요?

　　나: (반성하다) ＿＿＿＿＿＿＿＿＿＿＿ 자기가 무엇을 잘못했는지도 모르고 있어요.

2. 보기와 같이 대화를 완성하십시오.

> 보기 가 : 운동을 자주 하세요?
> 나 : **운동을 자주 하기는커녕** 밖에도 안 나가요.

(1) 가: 이번 시험 준비를 다 끝냈어요?

　　나: ＿＿＿＿＿＿＿＿＿＿＿＿＿＿＿＿＿＿＿＿＿

(2) 가: 내일 공부할 것을 예습했지요?

　　나: ＿＿＿＿＿＿＿＿＿＿＿＿＿＿＿＿＿＿＿＿＿

(3) 가: 술 잘 드실 것 같은데 소주 잘 마셔요?

　　나: ＿＿＿＿＿＿＿＿＿＿＿＿＿＿＿＿＿＿＿＿＿

(4) 가: 상우 씨가 영어를 유창하게 말한다면서요?

　　나: ＿＿＿＿＿＿＿＿＿＿＿＿＿＿＿＿＿＿＿＿＿

−기는커녕 Ⅱ

1. 보기 와 같이 대화를 완성하십시오.

> 보기 가: 그런 말을 들어서 마음이 상했지요?
> 나: 네? (마음이 상하다) 마음이 상하기는커녕 오히려 고맙던데요.

(1) 가: 어제 반 친구들과 외대 맛집에 갔다면서요? 맛있었어요?

　　나: 기대를 많이 했는데 (맛있다) ＿＿＿＿＿＿＿＿＿＿ 돈이 아까울 정도였어요.

(2) 가: 다이어트를 한다고 했지요? 정말 날씬해졌네요.

　　나: 아니에요. 열심히 노력했는데 (살이 빠지다) ＿＿＿＿＿＿＿＿＿＿ 오히려 더 쪘어요.

(3) 가: 시험 때문에 스트레스도 쌓이는데 술이나 한잔하러 갈래요?

　　나: 아니요. 저는 술을 마시면 스트레스가 (풀리다) ＿＿＿＿＿＿＿＿＿＿ 더 쌓이거든요.

(4) 가: 어제가 결혼기념일이었다면서요? 멋진 하루 보냈겠네요.

　　나: 멋진 하루를 (보내다) ＿＿＿＿＿＿＿＿＿＿ 남편이 무슨 날인지도 몰라서 싸우기만 했어요.

2. 보기 와 같이 대화를 완성하십시오.

> 보기 가: 요즘 새로 시작한 드라마가 그렇게 재미있다면서요?
> 나: 재미있기는커녕 너무 지루해서 보다가 다른 채널로 돌렸어요.

(1) 가: 저희 집이 너무 좁지요?

　　나: ＿＿＿＿＿＿＿＿＿＿＿＿＿＿＿＿＿＿＿＿

(2) 가: 올겨울 날씨가 작년에 비해 너무 춥지 않아요?

　　나: ＿＿＿＿＿＿＿＿＿＿＿＿＿＿＿＿＿＿＿＿

(3) 가: 4급에 올라와서 공부해 보니 정말 어렵고 힘들지요?

　　나: ＿＿＿＿＿＿＿＿＿＿＿＿＿＿＿＿＿＿＿＿

(4) 가: 새로 개업한 식당에 가봤어요? 맛있지만 꽤 비싸다고 하던데요.

　　나: ＿＿＿＿＿＿＿＿＿＿＿＿＿＿＿＿＿＿＿＿

–느니 (차라리)

1. 보기 와 같이 대화를 완성하십시오.

> 보기 가: 나랑 결혼할래?
> 나: 너랑 (결혼하다) **결혼하느니 차라리** 혼자 살겠다.

(1) 가: 진짜 과일을 갈아서 만드는 주스가 2000원이라는데 우리도 사 먹어 볼래?

나: 저 줄 좀 봐라. 30분을 (기다리다) ＿＿＿＿＿＿＿＿＿＿＿ 안 먹는 게 낫겠어.

(2) 가: 지영 씨만 생각나서 잠도 안 오고 밥도 못 먹겠어요. 어떻게 해야 할까요?

나: 그렇게 (고민하다) ＿＿＿＿＿＿＿＿＿＿ 거절당하더라도 고백해 보세요.

(3) 가: 그런 사람하고 같이 (일하다) ＿＿＿＿＿＿＿＿ 회사를 그만두는 게 낫겠어요.

나: 너무 감정적으로 판단하지 말고 해결방법을 찾아보세요.

(4) 가: 외롭게 혼자 (살다) ＿＿＿＿＿＿＿＿＿ 싸워도 결혼을 하는 게 낫지 않겠어요?

나: 싸우면서 같이 (살다) ＿＿＿＿＿＿＿＿＿ 외로워도 혼자 사는 게 낫다고 생각해요.

(5) 가: 이런 일이라면 마리오 씨가 전문이에요.

나: 나도 알지만 마리오 씨에게 (부탁하다) ＿＿＿＿＿＿＿＿＿ 시간이 오래 걸려도 혼자 할래요.

2. 보기 와 같이 대화를 완성하십시오.

> 보기 **숙제: (대충한다 / 안 한다)**
> 가: 숙제 안 해요? 대충이라도 해야지요.
> 나: 숙제를 대충하느니 차라리 안 하는 게 낫지 않아요?
> 가: 왜요? 숙제를 안 하면 내일 학교에서 좀 부끄러울 거예요.
> 나: 뭐든지 대충하는 것은 자기에게 도움이 되지 않는다고 생각해요.

(1) **직장 : (월급이 적지만 쉬운 일을 한다 / 월급이 많지만 힘든 일을 한다)**

가: 이 회사에 들어갔을 때 월급이 많아서 좋아했는데 일이 너무 힘들어서 그만두고 싶어.

나:

가: 왜? 난 스트레스를 받으면서 일하느니 차라리 다른 일을 찾는 게 낫다고 생각하는데.

나:

(2) **쇼핑 : (명품 가방 한 개를 산다 / 모조품 가방 열 개를 산다)**

가: 이렇게 비싼 명품 가방을 샀어요? 그 가격이면 모조품 가방 열 개 정도 살 수 있겠어요.

나:

가: 왜요? 옷에 맞게 가방을 바꿔서 메는 게 좋지 않나요?

나:

(3) **애인 : (담배를 많이 피우는 남자와 사귄다 / 술을 많이 마시는 남자와 사귄다)**

가: 남자친구가 술을 너무 자주 마셔서 걱정이에요. 또 한 번 마시면 취할 때까지 마셔요.

나:

가: 왜요? 술에 취하면 다른 사람이 되는 경우가 많잖아요.

나:

(4) **식사 : (비싼 식당에서 제일 싼 음식을 먹는다 / 싼 식당에서 제일 비싼 음식을 먹는다)**

가: 돈이 많지 않아서 비싼 식당에 가기는 어려워. 싼 식당에 가서 제일 좋은 걸로 먹을래?

나:

가:

나:

–은/는 셈이다

1. 보기 와 같이 대화를 완성하십시오.

> 보기　가: 밥을 잘 챙겨 먹어야 몸이 건강해지고 아프지 않아요.
> 나: 밥이 (보약) 보약인 셈이군요.

(1) 가: 무슨 소리를 들었는데 그렇게 깜짝 놀라요?

　　나: 이 학교는 세 번 지각하면 한 번 (결석)

(2) 가: 학비가 비싸지 않아요?

　　나: 저는 장학금을 받았으니까 학비가 (무료)

(3) 가: 도서관에서 빌린 책 다 봤어요?

　　나: 아직 다 못 봤지만 열 장 정도 남았으니까 다 (읽다)

(4) 가: '우리의 영웅'이라는 영화를 봤어요?

　　나: 본 건 아니지만 친구한테 그 영화 이야기를 하도 자세히 들어서 (보다)

(5) 가: 휴대폰 수리비가 많이 나왔다면서요?

　　나: 네. 휴대폰을 5만원에 샀는데 수리비가 3만원이면 수리비가 (비싸다)

2. 보기 와 같이 문장을 완성하십시오.

> 보기　외국인이지만 한국에서 30년을 살았으니까 한국인인 셈이다.

(1) 건강을 잃으면

(2) 아침마다 30분 걸어서 학교에 오니까 아침마다

(3) 친구한테 돈을 빌려 주었는데 친구가 밥을 사줬으니까

(4) 　　　　　　　　　　　　　　　　　　　　　　　　　돈을 버는 셈이다.

(5) 　　　　　　　　　　　　　　　　　　　　　　　　　애인이 없는 셈이다.

(6) 　　　　　　　　　　　　　　　　　　　　　　　　　인생 성공한 셈이다.

Ⓢ 19p

―는 김에

1. 보기 와 같이 문장을 완성하십시오.

> 보기 졸업한 고등학교 근처에 (가다) **간 김에** 학교에 들러서 선생님들께 인사를 드리고 왔다.

(1) 잡채를 (만들다) ＿＿＿＿＿＿＿＿＿ 좀 더 해서 옆집에 사시는 할머니께 나눠 드렸다.

(2) 부모님이 보고 싶어서 오랜만에 고향에 (가다) ＿＿＿＿＿＿＿＿＿ 친구들도 만나고 왔다.

(3) 마리오 씨는 요즘 어떻게 지낸대요? (생각나다) ＿＿＿＿＿＿＿＿＿ 전화 한 번 해볼까요?

(4) 우리 만나기도 힘든데 이렇게 한자리에 (모이다) ＿＿＿＿＿＿＿＿＿ 차라도 한 잔 하러 갑시다.

(5) 어제 동료들과 술을 마셨는데 (취하다) ＿＿＿＿＿＿＿＿＿ 그동안 쌓였던 불만을 다 말해 버렸다.

2. 보기 와 같이 대화를 완성하십시오.

> 보기 가: 명동에 쇼핑하러 가요?
> 나: (친구를 만나러 가다 / 옷 구경도 하다) **친구를 만나러 명동에 가는 김에 옷가게에서 옷 구경도 할 생각이에요.**

(1) 가: 나 지금 방 청소하느라 바빠.

　　나: (네 방 청소하다 / 내 방도 부탁하다) ＿＿＿＿＿＿＿＿＿

(2) 가: 태권도를 배우러 한국에 오셨어요?

　　나: (한국어를 배우러 오다 / 태권도도 배우다) ＿＿＿＿＿＿＿＿＿

(3) 가: 다음 주에 프랑스로 출장가게 됐어요.

　　나: (일하러 가다 / 여행도 하다) ＿＿＿＿＿＿＿＿＿

(4) 가: 그 여자 분한테 좋아한다고 고백했다면서요?

　　나: (술을 마시다 / 고백하다) ＿＿＿＿＿＿＿＿＿

(5) 가: 제주도 여행을 아직 못 해 봤는데 제주도가 그렇게 좋다고 하더라고요.

　　나: (이야기가 나오다 / 비행기 표를 예매하다) ＿＿＿＿＿＿＿＿＿

1. 여러분은 얼마나 알고 있습니까? 표시(✓)하십시오.

☐ 가래떡	☐ 무뚝뚝하다	☐ 이사 떡
☐ 과찬	☐ 무병장수	☐ 입맛에 맞다
☐ 기대가 되다	☐ 설득하다	☐ 제법
☐ 단호하다	☐ 성숙하다	☐ 존재
☐ 답례품	☐ 세배	☐ 차례를 지내다
☐ 더불어	☐ 쓸쓸하다	☐ 홍보
☐ 돌다	☐ 아쉽다	☐ 훈훈하다
☐ 돌리다	☐ 약도	

❀ 자기 점검

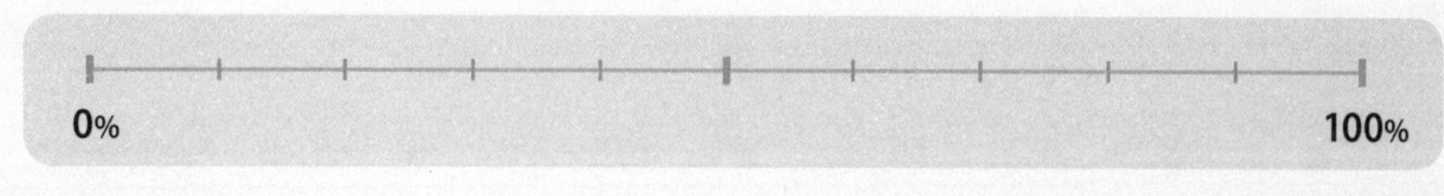

0%　　　　　　　　　　　　　　　　　　　　　　　　100%

조금 더 공부하세요!　　　　　　　　　　　　정말 잘했어요!

이왕 한국 결혼식을 볼 거면 제대로 봐야죠

어휘와 표현

1. 알맞은 것을 골라 문장을 완성하십시오.

협상	개성	계기	진심	친척

(1) 사람들은 입는 옷으로 자기만의 ________________을/를 표현한다.

(2) 가까운 이웃이 먼 ________________보다 낫다는 한국 속담이 있다.

(3) 두 나라는 이번 ________________을/를 통해 역사적으로 민감한 문제를 해결했다.

(4) 그는 자기의 ________________을/를 보여주려고 노력했지만 사람들은 그를 오해했다.

(5) 그 영화는 사회의 약자들을 바라보는 우리의 생각을 변화시킨 ________________이/가 되었다.

2. 다음 관용표현의 의미를 이해해 보고 문장으로 표현해 봅시다.

비행기(를) 태우다 : 남을 지나치게 칭찬하여 기분을 띄우다(기분 좋게 만들다).
국수(를) 먹다/먹이다 : 결혼하다. (옛날에 결혼식 피로연에서 국수를 대접하여 생긴 말)

(1) 가: 이 사진을 직접 찍으신 거예요? 정말 예술적인 감각이 있으시네요. 대충 아무렇게나
　　　찍어도 이런 사진이 나오다니 정말 대단하세요. 사진작가가 되시면 성공하시겠어요.
　　　정말 존경스러워요.

　　나: 사진 한 장 가지고 왜 이러세요? 너무 ________________________________.

(2) 가: 드디어 결혼한다면서? 축하한다. 정말 부럽네.

　　나: 넌 언제 ________________________________?

―(으)ㄹ 테니까 Ⅰ

1. **보기** 와 같이 문장을 완성하십시오.

> **보기**   3급보다 4급이 (어렵다) **어려울 테니까** 더욱 노력해야겠다.

(1) 날씨가 (맑다) ________________________ 야외로 나가자.

(2) 모든 일이 잘 (해결되다) ________________________ 걱정할 필요가 없다.

(3) 지금은 퇴근시간이라 길이 (막히다) ________________________ 좀 더 서두르세요.

(4) 오후에 날씨가 (추워지다) ________________________ 옷을 두껍게 입고 가야 한다.

(5) 상우 씨가 어제 피곤하게 (일했다) ________________________ 깨우지 말고 그냥 두세요.

2. **보기** 와 같이 대화를 완성하십시오.

> **보기**   가: 상우 씨가 지영 씨한테 고백했다는 얘기 들었어요? 어떻게 이럴 수가 있지요?
> 나: **헛소문일 테니까** 신경 쓰지 마세요.

(1) 가: 송 선생님 좀 뵈러 왔는데 어디에 계신지 아세요?

　　나: ________________________ 거기로 가 보세요.

(2) 가: 딸기를 사갈까요? 바나나를 사갈까요?

　　나: ________________________ 바나나를 사는 게 낫겠어요.

(3) 가: 지금 출발해도 안 늦을까요? 버스가 왜 이렇게 안 오는지 모르겠네요.

　　나: ________________________ 택시 타고 갈래요?

(4) 가: 선생님께서 이번 중간시험은 쉽다고 하시던데, 다행이지?

　　나: ________________________ 준비를 철저히 해 놓아야 돼.

(5) 가: 소개팅한 사람한테 연락이 없어요. 난 마음에 들었는데 이번에도 잘되기는 틀렸어요.

　　나: ________________________ 조금 더 기다려 보세요.

―(으)ㄹ 테니까 Ⅱ

1. 보기 와 같이 대화를 완성하십시오.

> 보기 오늘은 내가 (내다) **낼 테니까** 다음엔 네가 사.

(1) 금방 (가다) ＿＿＿＿＿＿＿＿ 조금만 기다려 줘.

(2) 12시쯤 (전화하다) ＿＿＿＿＿＿＿＿ 꼭 받으세요.

(3) 내가 마트에 가서 (장을 보다) ＿＿＿＿＿＿＿＿ 네가 요리해.

(4) 꼭 비밀을 (지키다) ＿＿＿＿＿＿＿＿ 나한테만 살짝 말해 주세요.

(5) 다음부터는 그렇게 (안 하다) ＿＿＿＿＿＿＿＿ 이번 한 번만 용서해 줘.

2. 보기 와 같이 대화를 완성하십시오.

> 보기 가: 어디로 연락하면 되나요?
> 나: 제 **전화번호를 가르쳐 드릴 테니까** 이쪽으로 연락해 주세요.

(1) 가: 30분 후에 손님이 오신다는데 큰일났네.

 나: ＿＿＿＿＿＿＿＿ 너는 화장실 청소해.

(2) 가: 아직 출발 안 했지요? 10분 후에 도착하는데 조금만 기다려 주세요.

 나: ＿＿＿＿＿＿＿＿ 조심히 오세요.

(3) 가: 영화 보러 가자고? 별로 보고 싶은 영화는 없는데.

 나: ＿＿＿＿＿＿＿＿ 같이 영화 보러 가자.

(4) 가: 아들, 이번에도 엄마를 실망시키는 건 아니겠지?

 나: ＿＿＿＿＿＿＿＿ 한 번만 믿어 보세요.

(5) 가: 숙제가 너무 어려워서 도저히 못 하겠어요.

 나: ＿＿＿＿＿＿＿＿ 숙제를 가지고 와 보세요.

이왕 –(으)ㄹ 거면

1. 보기 와 같이 문장을 완성하십시오.

> 보기　(공부하러 학교에 가다) : 이왕 공부하러 학교에 갈 거면 늦지 말고 제시간에 가세요.

(1) (청소를 하다): ＿＿＿＿＿＿＿＿＿＿＿＿＿ 걸레로 구석구석 닦아줘.

(2) (대학에 들어가다): ＿＿＿＿＿＿＿＿＿＿＿ 좋은 대학에 가야지.

(3) (밥을 먹다): ＿＿＿＿＿＿＿＿＿＿＿＿＿ 분위기가 좋은 곳으로 갑시다.

(4) (집을 구하다): ＿＿＿＿＿＿＿＿＿＿＿＿ 교통이 편리한 곳으로 정하세요.

(5) (컴퓨터를 사다): ＿＿＿＿＿＿＿＿＿＿ 가격이 비싸도 좋은 걸로 사는 게 낫다.

2. 보기 와 같이 대화를 완성하세요.

> 보기　가: 태권도를 배우려고 해요.
> 　　　나: 이왕 태권도를 배울 거면 우리 학교 태권도 동아리에 가입하세요.

(1) 가: 건강을 위해서 운동을 시작해야겠어요.

　　나: ＿＿＿＿＿＿＿＿＿＿＿＿＿＿＿＿＿＿＿＿＿＿＿＿＿

(2) 가: 6급까지 공부해서 졸업하는 게 제 목표예요.

　　나: ＿＿＿＿＿＿＿＿＿＿＿＿＿＿＿＿＿＿＿＿＿＿＿＿＿

(3) 가: 고향에 있는 내 친구가 한국어를 배우러 한국에 온대요.

　　나: ＿＿＿＿＿＿＿＿＿＿＿＿＿＿＿＿＿＿＿＿＿＿＿＿＿

(4) 가: 요즘 결혼할 사람의 단점만 계속 보이는데 정말 우울해 죽겠어요.

　　나: ＿＿＿＿＿＿＿＿＿＿＿＿＿＿＿＿＿＿＿＿＿＿＿＿＿

(5) 가: 이번 방학에 해외여행을 갈까 하는데 어디로 가면 좋을지 추천 좀 해 주세요.

　　나: ＿＿＿＿＿＿＿＿＿＿＿＿＿＿＿＿＿＿＿＿＿＿＿＿＿

Ⓢ 27p

–만 한 –이/가 없다

1. 보기 와 같이 문장을 완성하십시오.

> 보기 피곤할 때 / 커피 : 피곤할 때는 커피만 한 음료가 없다.

(1) 쇼핑 장소 / 명동 :

(2) 이런 일 / 페이 씨 :

(3) 더울 때 / 공포영화 :

(4) 한국의 여행지 / 제주도 :

(5) 노래 / ? :

2. 보기 와 같이 대화를 완성하십시오.

> 보기 가: 한 달 동안 해외여행 다녀오셨다면서요? 진짜 부럽네요.
> 나: 아무리 좋아도 집만 한 데가 없죠. 집에 오니까 편하고 좋네요.

(1) 가: 또 라면이에요?

　　나:

(2) 가: 이사 안 가고 계속 여기에서 살려고요?

　　나:

(3) 가: 한국 음식이 제 입에 딱 맞아요. 마리오 씨는 어때요?

　　나:

(4) 가: 스타일 좀 바꾸고 싶은데 어떻게 하면 이미지 변신에 성공할까?

　　나:

(5) 가: 나오카 씨랑 영화 보기로 했는데 어떤 영화를 보면 좋을까? 가슴이 두근두근하네.

　　나:

─(는)다고 난리이다

1. 보기 와 같이 문장을 완성하십시오.

> 보기 **[드라마 시청자들]**
> "진짜 재미있어." → 진짜 재미있다고 난리이다.
> "주인공이 잘생겼네." → 주인공이 잘생겼다고 난리이다.
> "이 드라마 정말 최고야." → 시청자들이 이 드라마는 정말 최고라고 난리이다.

(1) [30% 세일에 백화점에 간 고객들]

"그래도 비싸." →

"다른 색깔은 없어요?" →

"예쁜 옷은 세일을 안 해." →

"   " →

(2) [시험기간에 학생들]

"공부 많이 했어?" →

"도서관에 갈 거야." →

"공부 안 해서 큰일 났어." →

"   " →

(3) [엄마가 아들/딸에게]

"일찍 일찍 집에 들어와." →

"나쁜 애들과 어울리지 마." →

"밥 좀 잘 챙겨 먹고 다녀라." →

"   " →

⑤ 27p

2. '1~3과'에서 배운 문형을 사용해 보기와 같이 써 보십시오.

> 보기　**4급 학생들이 4급 한국어가 재미있다고 난리이다.**
>
> 　선배들에게 4급 한국어가 굉장히 어렵다고 들어서 걱정을 많이 했다. 4급에 올라온 지 일 주일이 지났는데 4급이 어렵기는커녕 너무 재미있어서 매일 매일 기대가 된다. 이왕 4급을 시작했으니까 열심히 해야겠다. 나뿐만 아니라 우리 반 친구들 모두 4급 한국어가 재미있다고 난리이다.

(1) 명절에 친척들이

(2) 여름이 되면 사람들이

(3) 크리스마스에 사람들이

(4) 요즘 우리나라 사람들이

정말 잘했어요!

1. 여러분은 얼마나 알고 있습니까? 표시(✓)하십시오.

☐ 개성	☐ 신혼여행지	☐ 참석률
☐ 계기	☐ 알다시피	☐ 친척
☐ 공식적	☐ 영화광	☐ 특산물
☐ 교통체증	☐ 예복	☐ 폐백
☐ 망치다	☐ 예식	☐ 피로연
☐ 맞추다	☐ 요구	☐ 하객
☐ 본래	☐ 잡다	☐ 협상
☐ 비행기를 태우다	☐ 장식	☐ 환상적
☐ 설경	☐ 진심	

❋ 자기 점검

0%　　　　　　　　　　　　　　　　　　　　　　　　100%

조금 더 공부하세요!　　　　　　　　　　　　　정말 잘했어요!

어휘와 표현

1. 알맞은 것을 골라 문장을 완성하십시오.

> 공인중개소(부동산)　　보증금　　계약서　　하숙집　　월세

(1) 싸고 좋은 집을 구하려고 외대 근처에 있는 _________________ 은/는 다 가봤다.

(2) 집을 계약할 때 _________________ 을/를 꼼꼼하게 읽어 보지 않아 큰 손해를 입을 뻔했다.

(3) 우리가 사는 집은 _________________ 이/가 비싸지만 3명이 나눠서 내니까 매달 큰 부남 없이 살고 있다.

(4) _________________ 은/는 아침과 저녁을 제공해서 편하고 좋지만 식사 시간을 맞춰야 하는 게 쉽지 않고 비싼 편이다.

(5) 이 집에 들어온 지 2년이 다 되어 가는데 집주인이 전세 _________________ 을/를 많이 올린다고 해서 이사를 생각하고 있다.

2. 알맞은 것을 골라 대화를 완성하십시오.

> 반품　　결제　　일시불　　무이자　　신용카드

손님: 계산해 주세요.

점원: 손님 150,000원입니다. (1)_________________ 은/는 어떻게 해 드릴까요?

손님: 현금이 없는데 (2)_________________ 돼요?

점원: 물론입니다. 할부로 하시겠습니까? (3)_________________ (으)로 하시겠습니까?

손님: 할부로 하고 싶은데요. (4)_________________ 할부 몇 개월까지 돼요?

점원: 이 카드로는 3개월 가능합니다.

손님: 그럼 3개월 할부로 해 주세요.

점원: (5)_________________ 을/를 하시려면 일주일 안에 해 주셔야 합니다. 감사합니다.

3. 교환 환불 신청서를 작성해 보십시오.

<table>
<tr><td colspan="4" align="center">교환 / 환불 신청서</td></tr>
<tr><td align="center">구 분</td><td>교환(　　) / 환불(　　)</td><td align="center">주 소</td><td></td></tr>
<tr><td align="center">이 름</td><td></td><td align="center">연락처</td><td></td></tr>
<tr><td align="center">상 품</td><td colspan="3"></td></tr>
<tr><td align="center">교환/환불 이유</td><td colspan="3">1. 치수 (　　)　　　　2. 상품 불량 (　　)　　3. 색상 불만 (　　)
4. 배송 지연 (　　)　　5. 포장 불량 (　　)　　6. 기타 (　　)</td></tr>
<tr><td align="center">내 용</td><td colspan="3">

</td></tr>
</table>

<table>
<tr><td align="center">안내 사항</td></tr>
<tr><td>
상품 수령일로부터 7일 이내 반품 가능합니다.
단, 7일 이내라도 다음의 경우 반품이 어렵습니다.
　– 세탁한 제품인 경우
　– 수선한 제품인 경우
　– 착용한 제품인 경우
　– 제품의 태그가 제거된 경우

고객 변심의 경우 왕복 택배비 5,000원(1개 기준) 부담

제품 불량 및 기타 문의사항이 있으신 경우 1:1 게시판 또는 고객센터(1588-0000)로 문의 바랍니다.
</td></tr>
</table>

어휘와 표현

1. 알맞은 것을 골라 문장을 완성하십시오.

꾸준하다	선호하다	혹하다	갖추어지다	배려하다

(1) 그가 얻은 승리는 _______________ 노력의 결과라고 할 수 있다.

(2) 그 병원은 최신 의료기기가 잘 _______________ 있어서 환자들이 몰린다.

(3) 돈을 많이 벌 수 있다는 말에 _______________ 나도 그 일을 하게 되었다.

(4) 공동생활을 잘 하려면 무엇보다 서로를 _______________ 마음이 있어야 한다.

(5) A기업은 작년에 이어 2년 연속 대학생들이 _______________ 기업으로 뽑혔다.

2. 알맞은 것을 골라 이야기를 완성하십시오.

입주	별도	세입자	시설

중개인: 이곳은 냉장고, 세탁기 등이 모두 갖추어져 있습니다.
　　　　인터넷은 무료로 사용하실 수 있고 전기세, 수도세는 (1)_______________입니다.

손　님: 그래요? 예전에는 (2)_______________이/가 잘 갖추어진 원룸이 많지 않더니 요즘은
　　　　많네요.

중개인: 네. 요즘에는 이렇게 잘 되어 있지 않으면 (3)_______________이/가 들어오려고
　　　　하지 않아요. 그런데 언제쯤 (4)_______________하실 예정이세요?

손　님: 4월쯤이요.

중개인: 그럼 서두르셔야겠네요. 4월은 이사철이거든요.

―는 바람에

1. 보기 와 같이 문장을 완성하십시오.

> 보기   학교에 급하게 (왔다) 오는 바람에 숙제를 안 가지고 왔다.

(1) 지하철이 (고장났다)   회사에 늦었다.

(2) 너무 (긴장했다)   실력을 발휘하지 못했다.

(3) 친구에게 돈을 (빌려줬다)   돈이 부족해서 먹고 싶은 걸 못 먹었다.

(4) 부모님께 한 거짓말이 (들통났다)   부모님한테 심하게 야단을 맞았다.

(5) 극장에서 뒤에 있는 사람들이 너무 (떠들었다)   그냥 나와 버렸다.

2. 보기 와 같이 대화를 완성하십시오.

> 보기   가: 왜 속이 안 좋아요?
> 나: 급하게 먹는 바람에 체했나 봐요.

(1) 가: 옷이 왜 이렇게 더러워요?

    나:

(2) 가: 왜 연락도 없이 안 왔어요?

    나:

(3) 가: 주말에 집에만 있었다고요?

    나:

(4) 가: 어제 술을 많이 마셨다면서요?

    나:

(5) 가: 리사 씨가 병원에 입원했다면서요?

    나:

Ⓢ 40p

–았/었/였더라면

1. 보기 와 같이 문장을 완성하십시오.

> 보기 학교에 지각했다. → 일찍 일어났더라면 좋았을 걸 그랬다.

(1) 친한 친구랑 싸웠다.   →

(2) 어제 옷을 샀는데 오늘부터 세일이다. →

(3) 주말에 명동에 갔는데 사람이 너무 많다. →

(4) 새로 산 구두를 신고 외출해서 발이 아프다. →

(5) 지하철을 탈까 하다가 버스를 탔는데 길이 막힌다. →

2. 보기 와 같이 대화를 만들어 보십시오.

> 보기 **같이 살았던 동생이 결혼 후 집을 떠나는 상황**
>
> 가: ○○야. 내가 너한테 더 잘해 줬더라면 좋았을 걸 그랬어. 서운했던 거 있으면 다 잊어.
> 나: 아니야. 내가 언니 말을 좀 더 잘 들었더라면 언니가 화나는 일이 없었을 거야.

(1) 함께 일했던 동료가 퇴직하는 상황

가: 아쉬워서 어떡해요. ○○ 씨의 도움을 많이 받았는데 그때마다 고맙다는 표현을 했더라면
   좋았을 걸 그랬어요.

나:

(2) 룸메이트와 헤어지는 상황

가:

나:

(3) 같이 공부한 친구가 졸업해서 고향으로 가는 상황

가:

나:

–도록 하다

1. 보기 와 같이 문장을 완성하십시오.

> 보기   건강에 안 좋으니까 담배를 (끊다) **끊도록 하세요.**

(1) 내일부터 학교에 지각하지 말고 일찍 (오다)

(2) 하루에 세 번 잊지 말고 식후에 약을 (먹다)

(3) 모기 물린 데가 간지러워도 긁지 말고 이 약을 (바르다)

(4) 아무 데나 차를 주차하지 말고 주차장에 차를 (세우다)

(5) 시험을 잘 봐야 5급으로 진급할 수 있으니까 열심히 (공부하다)

2. 보기 와 같이 대화를 완성하세요.

> 보기   가: 내일은 몇 시까지 오면 되지요?
> 나: **내일 오전 10시까지 오시면 되는데 중요한 일이니까 늦지 않도록 하세요.**
> 가: **네. 알겠습니다. 10시까지 오도록 하겠습니다.**

(1) 가: 선배님, 어렵게 취직을 했는데 회사 일이 저랑 잘 안 맞는 것 같아서 그만둘까 해요.

　　나: 나도 처음엔 그랬어.

　　가:

(2) 가: 요즘 저 우울증인가 봐요. 공부도 하기 싫고 우울하고 잠만 자고 싶어요.

　　나: 저도 예전에 우울증에 걸린 적이 있어요.

　　가:

(3) 가: 마리오 씨하고 싸워서 사과하고 싶은데 어떻게 해야 좋을지 모르겠어요.

　　나: 제가 마리오 씨에 대해 잘 알아요.

　　가:

(4) 가: 페이 씨는 술을 자주 마시는 것 같은데 술 마신 다음날 안 힘들어요? 오늘 술자리에 가야
　　　하는데 내일 학교에 못 갈까봐 걱정이에요.

　　나: 좋은 방법이 있어요.

S 41p

-더니 Ⅰ

1. 보기 와 같이 문장을 완성하십시오.

> 보기 이사했을 때는 집이 (깨끗했다) **깨끗하더니** 요즘은 집이 더럽다.

(1) 아침에 날씨가 (추웠다) ________________ 오후에 따뜻해졌다.

(2) 내 친구가 한국말을 정말 (못했다) ________________ 지금은 나보다 잘한다.

(3) 사귀기 전에는 여자 친구가 잘 (웃었다) ________________ 요즘은 화를 많이 낸다.

(4) 마리오 씨가 3급에서 열심히 (공부했다) ________________ 4급에서는 매일 놀기만 한다.

(5) 처음 한국에 왔을 때 모든 것이 (어려웠다) ________________ 지금은 익숙해져서 편하다.

2. 보기 와 같이 대화를 완성하십시오.

> 보기 가: 부모님이 전화를 자주 하세요?
> 나: 제가 처음 한국에 왔을 때는 전화를 매일 하시더니 요즘은 거의 안 하세요.

(1) 가: 한국 음식이 입에 맞아요?

나: ________________

(2) 가: 요즘 환율이 어떤 것 같아요?

나: ________________

(3) 가: ○○ 씨가 예전하고 좀 달라진 것 같아요.

나: ________________

(4) 가: 한국 유학생활이 어때요? 이제 익숙해졌나요?

나: ________________

(5) 가: 제 첫인상이 어땠어요? 지금이랑 많이 달라요?

나: ________________

─더니 Ⅱ

1. 보기 와 같이 문장을 완성하십시오.

> 보기 나오카 씨가 요리학원에 (다녔다) **다니더니** 한국 사람처럼 한국 음식을 잘 만든다.

(1) 친구가 열심히 (공부했다)   좋은 대학교에 합격했다.

(2) 지영 씨가 매주 소개팅을 (했다)   남자친구가 생겼다.

(3) 상우 씨가 무리해서 (일했다)   몸살이 나서 누워있다고 한다.

(4) 내 룸메이트가 패스트푸드만 (먹었다)   한 달 사이에 5kg이 쪘다.

(5) 내 친구는 어렸을 때부터 춤추는 걸 (좋아했다)   K-POP 가수가 됐다.

2. 보기 와 같이 대화를 완성하십시오.

> 보기 가: 요즘 그 가수가 TV에 잘 안 나오네요.
> 나: **열애설이 나더니 인기가 떨어진 모양이에요.**

(1) 가: 리사 씨가 남자친구하고 헤어졌대요.

    나:

(2) 가: 페이 씨가 어제 먹은 음식이 체해서 오늘 학교에 못 온대요.

    나:

(3) 가: 쑤안 씨가 많이 힘들었는지 이번 주에 고향에 돌아가기로 했대요.

    나:

(4) 가: 줄리앙 씨가 선생님한테 엄청나게 혼났다는데 그 얘기 들었어요?

    나:

(5) 가: 마리오 씨가 '외국인 한국어 말하기 대회'에서 우승을 했다면서요?

    나:

–더니 Ⅰ, Ⅱ

1. 보기 와 같이 대화를 완성하십시오.

> **보기 할아버지와 손자**
>
> 가: 할아버지, 몸은 좀 어떠세요? 아직도 많이 아프세요?
> 나: 이젠 많이 좋아졌어. 다리가 많이 아프더니 이젠 괜찮구나.
> 가: 지난번엔 식사도 잘 못 하시더니 오늘은 잘 드시네요.
> 나: 요즘 운동을 해서 그런지 밥맛이 좋아.
> 가: 운동을 하시더니 몸이 건강해지셨네요.
> 나: 넌 이번 시험 끝났니? 시험 잘 봤어?
> 가: 네. 이번에도 장학금을 받을 수 있을 것 같아요.
> 나: 아이구, 잘했다. 열심히 공부하더니 시험을 잘 봤구나.

(1) **남자친구와 여자친구 (남편과 아내)**

가: 요즘 좀 이상해진 것 같아. 3년 전에 처음 만났을 때하고 왜 이렇게 바뀌었어?
나: 너야말로 요즘 왜 그래? 전에는 나한테 칭찬만 하더니 요즘은 잔소리가 너무 심해.
가:
나:
가:

(2) **선생님과 학생**

가: ○○씨, 무슨 일 있어요? 요즘 공부도 안 하는 것 같고 지각도 많이 하네요.
나:
가:
나:

(3) **오랜만에 만난 친구들**

가: 오랜만이야. 초등학교 졸업하고 처음이네. 옛날에는 나보다 작더니 키가 많이 컸다.
나:
가:
나:

정말 잘했어요!

1. 여러분은 얼마나 알고 있습니까? 표시(✓)하십시오.

☐ 1인가구	☐ 매력적	☐ 입주하다
☐ 간편식	☐ 문구	☐ 장점을 살리다
☐ 갖추어지다	☐ 배려하다	☐ 저렴하다
☐ 공동생활	☐ 별도	☐ 전기세
☐ 구조	☐ 보안	☐ 전성시대
☐ 군데	☐ 선호하다	☐ 접근성
☐ 규칙	☐ 세입자	☐ 통금
☐ 근교	☐ 수도세	☐ 통신사
☐ 기능	☐ 열을 올리다	☐ 하늘의 별따기
☐ 꾸준하다	☐ 외박	☐ 형편
☐ 노령	☐ 위주	☐ 혹하다
☐ 떠올리다	☐ 이르다	

❀ 자기 점검

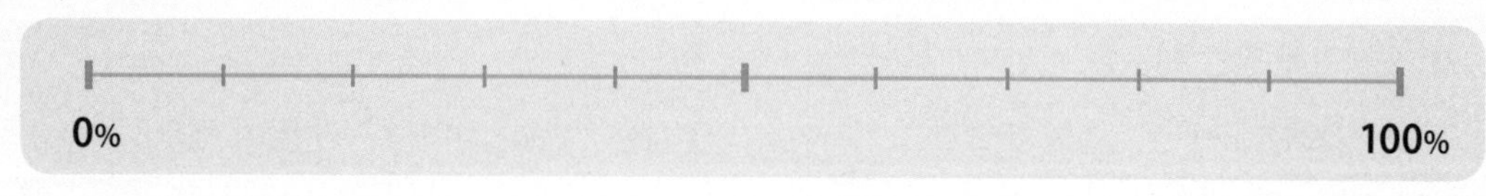

0%   100%

조금 더 공부하세요!   정말 잘했어요!

어휘와 표현

1. 알맞은 것을 골라 문장을 완성하십시오.

| 안심하다 | 파악하다 | 장을 보다 | 망설이다 | 정화하다 |

(1) 범인이 잡혀서 ＿＿＿＿＿＿＿ 집으로 돌아갈 수 있었다.

(2) 그 식당은 메뉴가 하도 많아서 무엇을 먹어야 할지 오랫동안 ＿＿＿＿＿＿＿.

(3) '해피트리'라는 나무가 공기를 깨끗하게 ＿＿＿＿＿＿＿ 식물로 인기를 끌고 있다.

(4) 시가 너무 어려워서 시인이 말하려고 하는 내용을 정확히 ＿＿＿＿＿＿＿ 못하겠다.

(5) 시장이나 마트에 갈 시간이 없어 인터넷으로 ＿＿＿＿＿＿＿는데 원하는 시간에 배달도 해 주니 정말 편한 세상이다.

2. 알맞은 것을 골라 대화를 완성하십시오.

| 마감 | 덤 | 충동구매 | 배달 |

점원: 손님, 지금 2팩 구입하시면 1팩은 (1)＿＿＿＿＿＿＿(으)로 드려요. 3팩 가져가세요.

나 ： 와! 그럼 진짜 싼 건데 왜 이렇게 파시죠?

점원: 매일 이 시간이 되면 할인을 많이 해요. (2)＿＿＿＿＿＿＿ 시간이 다 되어 가서요.

친구: 그냥 4팩 사자. 그럼 6팩이잖아.

나 ： 그럴까? 그런데 (3)＿＿＿＿＿＿＿은/는 되나요?

점원: 지금 이 시간에는 안 돼요. 직접 가져가셔야 합니다.

나 ： 우리 (4)＿＿＿＿＿＿＿ 하는 것 같은데 괜찮을까?

친구: 싸잖아. 저기요, 여기 4팩 주세요.

얼마나 -(으)ㄴ/는지 모르다/알다

1. 보기 와 같이 문장을 완성하십시오.

> 보기 한국의 겨울 날씨가 (정말 춥다) 얼마나 추운지 모른다.

(1) 지영 씨는 얼굴도 예쁘지만 마음이 (정말 예쁘다)

(2) 리사 씨가 날씬한데 보이는 것과 다르게 밥을 (정말 많이 먹는다)

(3) 짝사랑하는 그녀에게 제대로 고백도 못하고 내 자신이 (정말 바보 같다)

(4) 수업 시간에 다른 생각을 하고 있었는데 선생님이 내 이름을 부르셔서 (정말 놀랐다)

2. 보기 와 같이 대화를 완성하십시오.

> 보기 가: 마리오 씨가 요즘 공부를 열심히 하는 것 같지요?
> 나: 네. 요즘에 얼마나 열심히 공부하는지 몰라요. 수업 후에는 도서관에 가더라고요.

(1) 가: 새 구두를 신었네요.
　　나:

(2) 가: 어제 데이트 잘 했어요?
　　나:

(3) 가: 이번 시험이 어땠어요?
　　나:

(4) 가: 어제 만난 사람 어땠어요?
　　나:

(5) 가: ○○ 씨 나라에 대해 얘기해 주세요.
　　나:

S 48p

–기는 하다

1. **보기** 와 같이 문장을 완성하십시오.

> **보기** 그 옷이 (예쁘다) 예쁘기는 예쁜데 비싸서 안 샀다.

(1) 3급에서 (배우다) ＿＿＿＿＿＿＿＿＿＿ 잊어버렸다.

(2) 밥을 조금 전에 (먹다) ＿＿＿＿＿＿＿＿ 또 배가 고프다.

(3) 그 단어가 뭔지 (알다) ＿＿＿＿＿＿＿ 말로 표현하기는 어렵다.

(4) 요즘 진짜 (바쁘다) ＿＿＿＿＿＿＿＿ 내가 맡은 일은 다 해야 한다.

(5) 농구를 하다가 다리를 다쳤는데 (아프다) ＿＿＿＿＿＿＿＿ 병원에 갈 정도는
아니다.

2. **보기** 와 같이 대화를 완성하십시오.

> **보기** 가: 노래 부르기가 취미라고 하셨지요? 노래 잘하시나 봐요.
> 나: 노래 부르는 걸 좋아하긴 하지만 잘 부르는 건 아니에요.

(1) 가: 이 영화 볼래요?

나: ＿＿＿＿＿＿＿＿＿＿＿＿＿＿＿＿＿＿＿＿

(2) 가: 그 소설책 재미있어요?

나: ＿＿＿＿＿＿＿＿＿＿＿＿＿＿＿＿＿＿＿＿

(3) 가: 어제 술 마셨다면서요?

나: ＿＿＿＿＿＿＿＿＿＿＿＿＿＿＿＿＿＿＿＿

(4) 가: 이게 ○○ 씨한테 어울릴 것 같아요.

나: ＿＿＿＿＿＿＿＿＿＿＿＿＿＿＿＿＿＿＿＿

(5) 가: 한국 사람들은 성격이 급하다고 들었어요.

나: ＿＿＿＿＿＿＿＿＿＿＿＿＿＿＿＿＿＿＿＿

–았/었/였더니 I, II

1. 보기 와 같이 문장을 완성하십시오.

> 보기   저녁 식사 후에 커피를 (마셨다) **마셨더니** 잠이 안 온다.

(1) 감기약을 (먹었다) ＿＿＿＿＿＿＿＿＿＿＿＿ 계속 졸린다.

(2) 열심히 (운동했다) ＿＿＿＿＿＿＿＿＿＿＿＿ 식욕이 좋아졌다.

(3) 어제 TV를 보느라 늦게 (잤다) ＿＿＿＿＿＿＿＿＿＿＿＿ 하루 종일 피곤하다.

(4) 오랜만에 (화장을 했다) ＿＿＿＿＿＿＿＿＿＿＿＿ 친구들이 나를 못 알아봤다.

(5) 큰 소리로 노래를 (불렀다) ＿＿＿＿＿＿＿＿＿＿＿＿ 목이 쉬어서 목소리가 안 나온다.

2. 보기 와 같이 대화를 완성하십시오.

> 보기   월요일에 백화점에 (갔다) **갔더니** 문을 닫아서 그냥 와야 했다.

(1) 집에 (들어갔다) ＿＿＿＿＿＿＿＿＿＿＿＿ 아무도 없었다.

(2) 오랜만에 친구에게 (전화했다) ＿＿＿＿＿＿＿＿＿＿＿＿ 다른 사람이 받았다.

(3) 한국에 (왔다) ＿＿＿＿＿＿＿＿＿＿＿＿ 우리나라와 비슷한 점이 많이 있었다.

(4) 뉴스를 (봤다) ＿＿＿＿＿＿＿＿＿＿＿＿ 고향에 큰 사고가 났다고 해서 부모님께 전화를 드렸다.

(5) 목소리는 좀 무뚝뚝한 것 같았는데 직접 (만났다) ＿＿＿＿＿＿＿＿＿＿＿＿ 정말 친절한 사람이었다.

3. 보기 와 같이 대화를 완성하십시오.

> 보기 가: 아직도 배가 아파요?
> 나: 아니요. 아침에는 많이 아프더니 지금은 괜찮아요.
> 가: 다행이네요. 약을 먹었어요?
> 나: 약이 없어서 매실차를 마셨더니 배가 안 아프네요.

(1) 가: 친구랑 오해를 잘 풀었어요?

나:

가:

나:

(2) 가: 피부가 참 좋은데 비법이 있어요?

나:

가:

나:

(3) 가: 한국어 공부할 때 슬럼프가 있었지요? 그때 어떻게 극복했어요?

나:

가:

나:

(4) 가: ○○ 씨랑 친하죠? 저도 ○○ 씨랑 친해지고 싶은데 어떻게 하면 좋을까요?

나:

가:

나:

(5) 가: ○○ 씨는 외로울 때 어떻게 했어요? 저 요즘 너무 외로운데 좋은 방법이 있을까요?

나:

가:

나:

단어 정리

1. 여러분은 얼마나 알고 있습니까? 표시(✓)하십시오.

☐ 가치	☐ 분실	☐ 장을 보다
☐ 개인정보 유출	☐ 삶을 누리다	☐ 점검하다
☐ 결제	☐ 생생하다	☐ 정화하다
☐ 구매사이트	☐ 안심하다	☐ 조절하다
☐ 대다	☐ 예방하다	☐ 충동구매
☐ 덤	☐ 오히려	☐ 쾌적하다
☐ 마감시간	☐ 유형	☐ 파악하다
☐ 마음에 쏙 들다	☐ 인식하다	☐ 품목
☐ 망설이다	☐ 일단	☐ 화상
☐ 몰다	☐ 자유롭다	

❄ 자기 점검

0% 　　　　　　　　　　　　　　　　　　 100%

조금 더 공부하세요!　　　　　　　　　　정말 잘했어요!

어휘와 표현

1. 알맞은 것을 골라 문장을 완성하십시오.

| 엉엉 | 쿨쿨 | 꼬르륵꼬르륵 | 콜록콜록 | 주룩주룩 |

(1) 감기는 아니지만 미세먼지 때문에 하루 종일 ________________ 기침을 했다.

(2) 내 친구는 내일이 시험인데도 방에 들어가 ______________ 잠만 자고 있다.

(3) '많이 힘들지?'라는 말 한마디에 참았던 눈물이 쏟아져 ______________ 울어 버렸다.

(4) 조용한 시험시간에 내 뱃속에서 ________________ 소리가 나 교실이 웃음바다가 되었다.

(5) 이른 아침부터 비가 ______________ 내려서 예정되어 있던 소풍을 취소할 수밖에 없었다.

2. 알맞은 것을 골라 이야기를 완성하십시오.

| 두근두근 | 끄덕끄덕 | 싱글벙글 | 꾸벅꾸벅 | 반짝반짝 |

(1) 그는 내 의견에 동의한다는 듯이 말없이 고개만 ______________ 하고 있었다.

(2) 아무 일도 없다고 하면서도 하루 종일 ______________ 하는 내 친구가 좀 수상하다.

(3) 감기에 걸려 약을 먹었는데 수면제가 들어 있는지 수업 내내 ________________ 졸았다.

(4) 이번 금요일에 면접시험이 있는데 벌써부터 ______________ 심장이 뛰고 죽을 것 같다.

(5) 그동안 미루어 왔던 화장실 청소를 열심히 했더니 화장실이 ______________ 빛이 난다.

3. 알맞은 것을 골라 대화를 완성하십시오.

간이 콩알만 해지다   얼굴이 반쪽이다
손이 발이 되도록 빌다   눈꺼풀이 천근만근이다   엎어지면 코 닿을 거리이다

(1) 가: 무슨 일 있어요? 얼굴이 안 좋아 보여요.

나: 발표 준비에 숙제에 감기까지 걸려서 고생했어요.

가: 힘들었겠네요.

(2) 가: 외대앞역에서 외대까지 어떻게 가야 돼요? 처음 가는 거라 걱정이에요.

나: 외대앞역 5번 출구로 나오면 학교가 보여요.

가: 오래 걸어야 해요?

나: 니까 금방 도착할 거예요.

(3) 가: 우리 뮤지컬 보러 갈래요? 나한테 공짜표 2장이 있거든요.

나: 가고 싶긴 한데 어제 잠을 하나도 못자서 바로 집에 가야겠어요.

가: 지영 씨랑 같이 가려고 다른 친구들한테는 안 물어봤단 말이에요.

나: 이라 아무래도 안 되겠어요.

(4) 가: 왜 그래요? 밖에서 무슨 일이 있었어요?

나: 집으로 오는데 자꾸 누가 뒤에서 따라오더라고요.
소리를 지를 뻔했어요.

가: 그래서 어떻게 됐어요?

나: 알고 보니 옆집에 사는 아저씨더라고요.

(5) 가: 주말에 친구랑 약속을 했는데 깜빡하고 잠을 잤어요.

나: 친구가 많이 화가 났겠네요. 어떻게 됐어요?

가: 무조건 잘못했다고

어휘와 표현

1. 알맞은 것을 골라 문장을 완성하십시오.

틈	정서	독자	유지	미운 정

(1) 너무 바빠서 잠시도 쉴 _______________이/가 없다.

(2) 건강 _______________을/를 위해 아침에 조깅을 시작했다.

(3) 그의 소설은 다양한 연령의 _______________에게 꾸준한 사랑을 받고 있다.

(4) 이 영화는 1980년대를 배경으로 한 작품으로 한국의 _______________이/가 잘 담겨 있다.

(5) 그동안 많이 싸우기도 했는데 _______________이/가 들어서인지 페이 씨가 고향에
돌아간다니 눈물이 난다.

2. 알맞은 것을 골라 대화를 완성하십시오.

솔직하다	공감하다	씨름하다	실감나다	용납하다

(1) 가: 3D영화를 보니까 내가 영화 속으로 들어간 것 같아요.

    나: 그렇죠? 영화가 정말 _______________.

(2) 가: 그 사람의 이야기를 듣고 모두들 눈물을 흘리더라고요.

    나: 그 얘기에 모두 _______________ 그랬나 봐요.

(3) 가: 일부러 한 잘못도 아닌데 그 정도의 실수는 이해해 주시겠지요.

    나: 아니에요. 우리 부모님은 작은 실수도 _______________.

(4) 가: 주말 잘 보냈어요?

    나: 잘 보내기는요. 발표준비와 _______________ 진짜 힘들었어요.

(5) 가: 룸메이트에 대해 불만을 참기만 하다가 나중에 폭발할 수도 있어요.

    나: 그런데 내 감정을 _______________ 말하기가 쉽지 않네요.

−기 마련이다

1. 보기 와 같이 문장을 완성하십시오.

> 보기 　사람이 몸이 약해지면 마음도 (약해진다) 약해지기 마련이다.

(1) 진실은 언젠가 (밝혀진다)

(2) 자주 만나다 보면 (정이 든다)

(3) 만남이 있으면 헤어짐이 (있다)

(4) 음식이 맛있으면 손님들이 (찾아온다)

(5) 눈에서 멀어지면 마음에서도 (멀어진다)

2. 보기 와 같이 대화를 완성하십시오.

> 보기 　가: 남자친구와 7년을 사귀었더니 이제 별 느낌이 없어요. 만나도 재미가 없고 귀찮아요.
> 나: 오래 만나다가 보면 처음 느꼈던 감정이 없어지기 마련이에요. 시간이 지나면 서로 너무 편해져서 그렇게 되지만 시간이 조금 더 지나면 다시 좋아지기 마련이니까 좀 참아 보세요.

(1) 가: 한국어를 열심히 공부했는데 별로 성적이 좋지 않아서 공부를 포기하고 싶어요.

　　나:

(2) 가: 예쁜 옷을 보면 자꾸 사고 싶어져요. 집에 옷이 많이 있는데도 보면 또 사게 돼요.

　　나:

(3) 가: 어머니께서 자꾸 잔소리를 하세요. 저는 열심히 하고 있는데 더 열심히 하라고 해요.

　　나:

(4) 가: 다이어트를 하느라 밥을 잘 안 먹고 있어요. 그런데 밤이 되면 참기 너무 힘들어요.

　　나:

(5) 가: 애인이랑 헤어졌어요. 우리는 운명이라고 생각하고 안 헤어질 줄 알았는데 결국······.

　　나:

-스럽다

1. 알맞은 것을 골라 문장을 완성하십시오.

자연스럽다	부자연스럽다	조심스럽다	자랑스럽다	걱정스럽다	사랑스럽다
촌스럽다	고급스럽다	부담스럽다	혼란스럽다	실망스럽다	변덕스럽다
고통스럽다	후회스럽다	불만스럽다	어른스럽다	여성스럽다	정성스럽다
뻔뻔스럽다	바보스럽다	사치스럽다	당황스럽다	복스럽다	과장스럽다

(1) 내일 면접을 보러 가는데 정말 _______________ 잠이 안 온다.

(2) 한국어 발음과 억양이 한국 사람처럼 _______________ 좋겠다.

(3) 그 사람 성격은 좋은 것 같은데 스타일이 좀 _______________ 만나고 싶지 않다.

(4) 나는 별로 잘나지 않았지만 우리 부모님은 나를 항상 _______________ 생각하신다.

(5) 내 기분을 엉망으로 만들어 놓고 다음날 아무렇지도 않게 나한테 말을 거는 ○○ 씨는 정말

_______________.

2. 보기 와 같이 대화를 완성하십시오.

> 보기 가: ○○ 씨한테 좋은 선물을 받았다면서요?
> 나: 네. 고맙기는 한데 너무 부담스러워서 어떻게 해야 할지 모르겠어요.

(1) 가: 저 어제 이 코트를 샀는데 어때요?

　　나:

(2) 가: 제가 직접 만든 선물인데 상우 씨가 좋아할까요?

　　나:

(3) 가: 이제 다음 주면 새해가 시작되는데 올해를 잘 보냈나요?

　　나:

(4) 가: 믿었던 ○○ 씨한테 배신당한 것 같아서 정말 속상해요. 그런 사람인 줄 몰랐어요.

　　나:

(5) 가: 줄리앙 씨는 왜 자꾸 이랬다가 저랬다가 할까요? 어떻게 맞춰야 할지 모르겠어요.

　　나:

–더라도

1. 보기 와 같이 문장을 완성하십시오.

> 보기　고향에 (돌아가다) **돌아가더라도** 소중한 추억은 잊지 않겠다.

(1) 하다가 (실수하다) ＿＿＿＿＿＿＿＿＿ 큰 박수 부탁드립니다.

(2) 일이 (바쁘시다) ＿＿＿＿＿＿＿＿＿ 이번 모임에 참여해 주시면 감사하겠습니다.

(3) 대학교에 (합격하다) ＿＿＿＿＿＿＿＿＿ 한국어 공부를 게을리 하지 않을 거예요.

(4) 날씨가 점점 추워질 텐데 날씨가 (춥다) ＿＿＿＿＿＿＿＿＿ 집에만 있으면 안 된다.

(5) 수업시간에 스마트폰을 (쓰고 싶다) ＿＿＿＿＿＿＿＿＿ 쉬는 시간까지 꼭 참으세요.

2. 보기 와 같이 대화를 완성하십시오.

> 보기　가: 헤어진 여자 친구가 생각나서 너무 힘드네요. 다시 연락해 보면 어떨까요?
> 나: **정말 보고 싶더라도 연락하지 마세요. 이미 헤어진 거니까 깨끗하게 잊으세요.**

(1) 가: 이번 일을 잘 마무리 할 수 있을까요?

　　나: ＿＿＿＿＿＿＿＿＿＿＿＿＿＿＿＿＿＿＿＿＿＿

(2) 가: 요즘 밥을 잘 못 챙겨 먹어서인지 속이 아프네요.

　　나: ＿＿＿＿＿＿＿＿＿＿＿＿＿＿＿＿＿＿＿＿＿＿

(3) 가: 오늘 저녁에 중요한 약속이 있는데 피곤해서 갈지 말지 고민이에요.

　　나: ＿＿＿＿＿＿＿＿＿＿＿＿＿＿＿＿＿＿＿＿＿＿

(4) 가: 4급 기말 말하기 시험은 토론시험이라던데 어떻게 하지요? 벌써 스트레스예요.

　　나: ＿＿＿＿＿＿＿＿＿＿＿＿＿＿＿＿＿＿＿＿＿＿

(5) 가: 아빠, 그 이야기는 더 이상 하지 말아 주세요. 한 번만 더 들으면 100번이에요.

　　나: ＿＿＿＿＿＿＿＿＿＿＿＿＿＿＿＿＿＿＿＿＿＿

S 63p

속담

1. 알맞은 것을 골라 문장을 완성하십시오.

> 수박 겉 핥기 　　　　　 누워서 떡 먹기
> 금강산도 식후경 　　　　 작은 고추가 더 맵다

(1) 2급 문제 정도는 나한테 ________________.

(2) ________________(이)라는 말도 있는데 밥부터 먹고 하자.

(3) 그 책을 읽긴 했는데 ________________ 식으로 읽었더니 어떤 내용인지 잘 모르겠다.

(4) ○○ 씨가 작은 몸집으로 해 내는 일들을 보면 "________________"(이)라는 속담이 떠오른다.

2. 보기 와 같이 대화를 완성하십시오.

> 보기　**[금강산도 식후경]** – 한강에서 데이트를 하는 남자와 여자
>
> 가: 한강은 역시 밤에 구경하는 게 제일이에요. 걸으면서 이야기 좀 할까요?
> 나: 그것도 좋긴 한데 출출하니까 식사부터 하는 게 어때요?
> 　　금강산도 식후경이라는 말도 있잖아요.

(1) **[수박 겉 핥기]** –

　　가:
　　나:

(2) **[누워서 떡 먹기]** –

　　가:
　　나:

(3) **[작은 고추가 더 맵다]** –

　　가:
　　나:

정말 잘했어요!

1. 여러분은 얼마나 알고 있습니까? 표시(✓)하십시오.

☐ 객관적	☐ 대인거리	☐ 용납하다
☐ 거리를 두다	☐ 독자	☐ 유지
☐ 공감하다	☐ 목숨을 걸다	☐ 저자
☐ 공적	☐ 무의식적	☐ 정서
☐ 과장스럽다	☐ 미운 정	☐ 친밀하다
☐ 과제물	☐ 속담	☐ 침범하다
☐ 관계를 맺다	☐ 솔직하다	☐ 틈
☐ 낯설다	☐ 실감나다	☐ 확보하다
☐ 느낌을 살리다	☐ 영역	

❊ 자기 점검

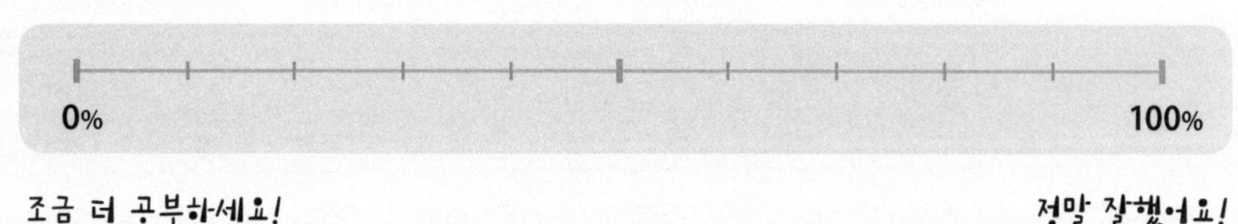

어휘와 표현

1. 알맞은 것을 골라 문장을 완성하십시오.

> 회복 　　　 동갑 　　　 소감 　　　 재학 　　　 경향

(1) 4급을 수료하게 된 ＿＿＿＿＿＿＿을 한 명씩 돌아가면서 발표했다.

(2) 그는 대학교 ＿＿＿＿＿＿＿ 중에 창업을 하여 어린 나이에 사업에 성공했다.

(3) 아들을 선호하던 과거와는 달리 요즘 젊은 사람들은 딸을 선호하는 ＿＿＿＿＿＿＿이 있다.

(4) 사람들은 피로가 쌓이면 커피를 마시는데 가장 좋은 피로 ＿＿＿＿＿＿＿의 방법은 잘 자는 것이다.

(5) 나보다 언니인 줄 알았던 리사 씨가 나랑 ＿＿＿＿＿＿＿이라는 걸 알게 됐는데 갑자기 어색하게 느껴졌다.

2. 알맞은 것을 골라 대화를 완성하십시오.

> 건방지다 　　　 경청하다 　　　 미역국을 먹다 　　　 미끄러지다 　　　 기념하다

(1) 가: 상우 씨가 넘어져서 다리를 다쳤다면서요?

　　나: 네. 뛰어가다가 ＿＿＿＿＿＿＿ 크게 다쳤다고 하더라고요.

(2) 가: 열심히 공부했으니까 2차 필기시험에 합격할 수 있으실 거예요.

　　나: 글쎄요. 왠지 이번에도 ＿＿＿＿＿＿＿.

(3) 가: 오늘이 무슨 날이에요? 학교에서 큰 행사를 하는 것 같던데요.

　　나: 개교 50주년을 ＿＿＿＿＿＿＿ 다양한 행사를 해요.

(4) 가: 내가 열심히 얘기하고 있는데 먼 산 쳐다보면서 뭐 하는 거예요?

　　나: 무슨 말이에요? 지금 지영 씨 말을 ＿＿＿＿＿＿＿.

(5) 가: 한국에서는 어른 앞에서 다리를 꼬거나 팔짱을 끼고 있으면 안 돼요?

　　나: 좀 보기가 안 좋지요. 그런 행동은 ＿＿＿＿＿＿＿ 보일 수 있으니까요.

─에 불과하다

1. 보기 와 같이 대화를 완성하십시오.

> 보기 가: 월요일마다 보는 시험 때문에 스트레스 받아요.
> 나: (퀴즈) 퀴즈에 불과하잖아요. 너무 걱정하지 마세요.

(1) 가: 선물을 준다고? 아, 뭔지 너무 궁금해.

　　나: 기대하지 마. (작은 선물)

(2) 가: 세상에, 연예인 A씨가 20살 연상의 여자와 결혼 발표를 했대.

　　나: 그럴 수도 있지. 나이는 (숫자)

(3) 가: 내일 학교에 못 올 것 같은데 4시간이나 결석하게 돼서 속상해.

　　나: 결석시간이 겨우 (4시간)　　　　　　　　　무슨 걱정이야?

(4) 가: 벌써 계획을 다 세워 놓으셨네요. 대단하세요.

　　나: 대단하긴요. 이제 (시작)　　　　　　　　. 갈 길이 멀어요.

2. 보기 와 같이 대화를 완성하십시오.

> 보기 가: 대기업에 다니니까 월급도 많겠네요.
> 나: 아니요. 아직은 신입사원에 불과하니까요.

(1) 가: 회사가 많이 성장한 것 같아요.

　　나:

(2) 가: 뭘 이런 걸 다 준비하셨어요? 너무 비싸 보이는데요.

　　나:

(3) 가: 대학교가 꽤 넓어 보이는데 학생 수가 어떻게 돼요?

　　나:

(4) 가: 물가가 올라서 그런지 공책 가격이 예전에 비해 많이 올랐네요.

　　나:

–던 때가 엊그제 같다

1. 보기 와 같이 대화를 완성하십시오.

> 보기 가: 세월 참 빠르군요. 고등학교를 졸업한 지 10년이나 지났어요.
> 나: 고등학교에서 같이(공부하다) 공부하던 때가 엊그제 같은데 벌써 10년이나 지났어요?

(1) 가: 결혼 25주년을 축하드려요.

나: 고마워. (결혼식을 올리다) ________________________ 벌써 25년이나 지났구나.

(2) 가: 음식물 쓰레기가 너무 많이 나와서 문제래요.

나: 먹을 게 없어서 (굶다) ________________________ 이젠 너무 풍족해서 문제군요.

(3) 가: 제가 벌써 4급이에요.

나: 1급에서 (가나다를 배우다) ________________________ 이젠 못 하는 말이 없네요.

(4) 가: 다음 주에 중간 말하기 발표가 있는 거 알지요?

나: 3급 말하기 발표 때 앞에서 (떨다) ________________________ 벌써 4급 발표 기간이 돌아왔어요.

2. 보기 와 같이 문장을 완성하십시오.

> 보기 이번 학기가 벌써 끝난다.
> → 이번 학기 시작한 날 서로 인사했던 때가 엊그제 같은데 벌써 다음 주면 끝나니 아쉽다.

(1) 동생이 벌써 10살이 됐다.

→ ________________________

(2) 취직한 지 10년이 지났다.

→ ________________________

(3) 집 계약기간(2년)이 끝나 이사를 간다.

→ ________________________

(4) 5년간의 유학을 마치고 고향에 돌아왔다.

→ ________________________

–다더니

1. 보기 와 같이 문장을 완성하십시오.

> 보기 친구: "앞으로 늦게 오지 않을게."
> → 친구가 앞으로 늦게 오지 않을 거라더니 오늘도 지각했다.

(1) 페이: "너무 바빠."

→

(2) 상우: "같이 영화 보자."

→

(3) 여자 친구: "술 잘 못 마셔."

→

(4) 리사: "약속시간에 늦지 마."

→

(5) 쑤안: "요즘 다이어트 중이야."

→

(6) 마리오: "좋아하는 음식이 뭐예요?"

→

(7) 일기예보: "오후에 비가 오겠습니다."

→

(8) 룸메이트: "아까 저녁을 먹어서 난 안 먹을래."

→

2. 보기 와 같이 대화를 완성하십시오.

> 보기 　가: 그 영화 봤어요?
> 　　　나: 네. 영화가 감동적이라더니 정말 그렇더라고요.

(1) 가: 나오카 씨가 커피숍을 차렸대요.

　　나:

(2) 가: 지영 씨가 매운 음식을 정말 못 먹더라고요.

　　나:

(3) 가: 바리오 씨가 중국어를 유창하게 하던데 들어봤어요?

　　나:

(4) 가: 상우 씨가 화장실에서 울고 있던데 무슨 일인지 알아요?

　　나:

(5) 가: 리사 씨가 원래 예쁘긴 하지만 요새 더 예뻐진 것 같아요.

　　나:

(6) 가: 학교 정문 앞에 있는 가게에서 핸드폰을 싸게 판다고 해요.

　　나:

(7) 가: 평소에 공부 안 하는 줄리앙 씨가 도서관에서 책을 보고 있던데요.

　　나:

(8) 가: 쑤안 씨가 며칠째 학교에 안 오고 있는데 무슨 일이 있는지 너무 걱정이 되네요.

　　나:

단어 정리

1. 여러분은 얼마나 알고 있습니까? 표시(✓)하십시오.

- ☐ 건방지다
- ☐ 경청하다
- ☐ 경향
- ☐ 구체적
- ☐ 기꺼이
- ☐ 기념하다
- ☐ 눈에 비치다
- ☐ 당황하다
- ☐ 동갑
- ☐ 머리를 숙이다

- ☐ 미끄러지다
- ☐ 미끄럽다
- ☐ 미역국을 먹었다
- ☐ 소감
- ☐ 시험에 떨어지다
- ☐ 심지어
- ☐ 응하다
- ☐ 이열치열
- ☐ 인정하다
- ☐ 재학

- ☐ 적응하다
- ☐ 종교
- ☐ 직급
- ☐ 집단주의
- ☐ 촌수
- ☐ 팔짱을 끼다
- ☐ 포옹
- ☐ 헷갈리다
- ☐ 회복

❋ 자기 점검

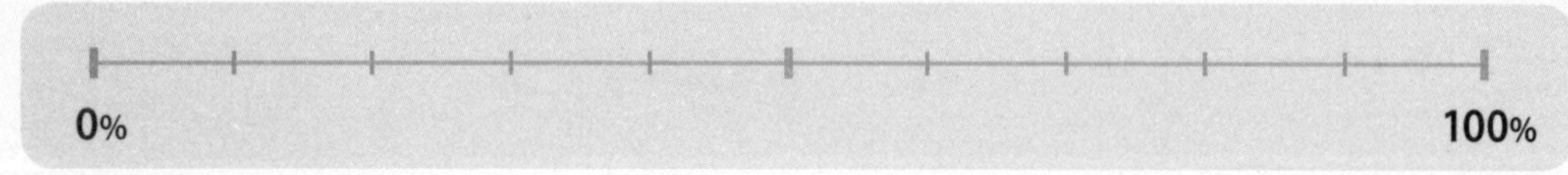

0%　　　　　　　　　　　　　　　　　　　　　　　　　　　100%

조금 더 공부하세요!　　　　　　　　　　　　　　　정말 잘했어요!

어휘와 표현

1. 알맞은 것을 골라 문장을 완성하십시오.

| 덕담 | 세배 | 성묘 | 달맞이 | 차례 |

(1) 새해 첫날 부모님께 _______________을/를 올린다.

(2) 정월 대보름에 _______________을/를 하며 소원을 빈다.

(3) 추석에 조상의 산소를 찾아가서 _______________을/를 한다.

(4) 명절 아침 일찍 각 가정에서는 조상들께 _______________을/를 지낸다.

(5) 가족들은 서로 새해 복 많이 받으라고 _______________을/를 주고받는다.

2. 알맞은 것을 골라 이야기를 완성하십시오.

| 부럼 | 나물 | 귀밝이술 | 오곡밥 | 쥐불놀이 |

　정월 대보름에는 다섯 가지 곡식으로 (1)_______________을/를 지어먹고 열 가지 (2)_______________(으)로 반찬을 만들며 단단한 견과류를 입에 넣고 (3)_______________을/를 깨문다. 한 해 좋은 소식을 들으라는 의미로 남녀노소가 함께 (4)_______________을/를 마신다. 정월 대보름 전날에 논둑이나 밭둑에 불을 붙이고 돌아다니며 (5)_______________도 한다.

3. 한국의 전통놀이입니다. 알맞은 것을 골라 써 넣으십시오.

뛰기   차기   놀이   날리기   치기

(1) 제기 ______	(2) 연 ______	(3) 팽이 ______	(4) 윷 ______	(5) 널 ______

4. 그림에 알맞은 단어를 찾아 써 넣으십시오.

차례   강강술래   성묘   씨름   쥐불놀이   오곡밥과 나물

(1) ______________   (2) ______________   (3) ______________

(4) ______________   (5) ______________   (6) ______________

어휘와 표현

1. 알맞은 것을 골라 문장을 완성하십시오.

> 격려하다　　딱딱하다　　예민하다　　맞이하다　　신성하다

(1) 중요한 시험을 앞둔 친구를 ________________.

(2) 빵이 ________________ 굳어서 먹을 수가 없다.

(3) 매년 새해를 ________________ 때마다 늘 설렌다.

(4) 나이는 숫자에 불과한데 누나는 나이에 ________________.

(5) 한국 사람들은 옛날부터 흰색을 ________________ 여겨 흰옷을 즐겨 입었다.

2. 알맞은 것을 골라 대화를 완성하십시오.

> 더위　　화합　　곡식　　달맞이　　몫

(1) 그 집은 가족끼리 ________________이/가 잘 된다.

(2) 들판에는 ________________이/가 잘 익어가고 있다.

(3) 정월 대보름에는 ________________을/를 하며 소원을 빈다.

(4) 나는 ________________을/를 많이 타는 편이라서 여름만 되면 힘이 없다.

(5) 사람마다 해야 할 ________________이/가 있는데 너는 왜 아무것도 안 하니?

–못지않다

1. 보기 와 같이 문장을 완성하십시오.

> 보기 쑤안/ 한국 사람/ 한국어를 잘하다
> → 쑤안 씨는 한국 사람 못지않게 한국어를 잘해요.

(1) 줄리앙/ 농구선수/ 키가 크다

→

(2) 부산의 야경/ 홍콩의 야경/ 아름답다

→

(3) 할아버지/ 젊은 사람/ 체력이 좋다

→

(4) 오늘/ 겨울 날씨/ 바람이 불고 춥다

→

(5) 나무를 보호하는 것/ 나무를 심는 것/ 중요하다

→

2. 보기 와 같이 대화를 완성하십시오.

> 보기 가: 실력이 부족한데 제 노래를 들어 주셔서 감사해요.
> 나: 무슨 말씀이세요? 가수 못지않은 실력을 가지고 있는 걸요.

(1) 가: 한국에서는 정월 대보름도 큰 명절이에요?

나: 예전에는

(2) 가: 우리 가족사진인데 남동생이 잘생겼지요?

나: 남동생이

(3) 가: 일본에서 오래 사셔서 일본어를 잘하시겠어요.

나: 네. 일본어라면 이제

(4) 가: 저 배우는 주인공보다 인기가 더 많다면서요?

나:

—든지

1. 보기 와 같이 대화를 완성하십시오.

> 보기 이따가 책을 읽으러 도서관에 (가다) **가든지** 서점에 가려고 해요.

(1) 잠이 오면 커피를 (마시다)   세수를 해 보세요.

(2) 교실이 더우면 창문을 (열다)   에어컨을 켜세요.

(3) 외국인들이 한국 음식은 대부분 (맵다)   짜대요.

(4) 제가 자리에 없으면 메시지를 (보내다)   전화를 하세요.

(5) 저는 크게 노래를 (부르다)   춤을 추면 기분이 좋아져요.

2. 보기 와 같이 문장을 완성하십시오.

> 보기 친구 생일 / 케이크 / 축하 카드
> → 친구 생일에는 케이크든지 축하 카드를 선물로 주세요.
> → 친구 생일이 되면 케이크를 주든지 축하 카드를 써 보세요.

(1) 쇼핑 / 명동 / 홍대

→

(2) 제주도 / 비행기 / 배

→

(3) 설날 / 윷놀이 / 연날리기

→

(4) 집들이 선물 / 세제 / 화장지

→

(5) 장을 보다 / 전통시장 / 대형마트

→

―아/어/여야 제격이다

1. 보기 와 같이 문장을 완성하십시오.

> 보기   한국에서는 복날에 삼계탕을 (먹다) 먹어야 제격이에요.

(1) 세배할 때는 한복을 (입다)

(2) 맥주를 마실 때는 치킨이 (있다)

(3) 추운 겨울에는 온천여행을 (가다)

(4) 산에 갈 때는 편한 운동화를 (신다)

(5) 비빔밥은 고추장을 넣고 비벼 (먹다)

2. 보기 와 같이 대화를 완성하십시오.

> 보기   여행 가는 날
> 가: 여행을 갈 때 치마하고 구두를 신고 가면 예쁘겠지?
> 나: 예쁘긴 한데 불편할 것 같아. 여행갈 때는 편한 옷을 입어야 제격이야.

(1) 특별한 날

    가:

    나:

(2) 면접 보는 날

    가:

    나:

(3) 데이트하는 날

    가:

    나:

(4) 흐리고 비오는 날

    가:

    나:

−에 의의가 있다

1. 보기 와 같이 문장을 완성하십시오.

> 보기 명절은 가족 모두 (모이다) **모이는 데에 의의가 있어요.**

(1) 아르바이트는 경험을 (쌓다)

(2) 유학은 다른 나라의 문화를 (경험하다)

(3) 이 소설은 외국인이 쓴 (최초 작품이다)

(4) 말하기 시험은 말하기 실력을 (확인하다)

(5) 전통문화를 공부하는 것은 그 나라를 (이해하다)

2. 보기 와 같이 대화를 완성하십시오.

> 보기 가: 시험 준비로 바쁠 텐데 장기자랑에 참가한다면서요?
> 나: **네, 저는 큰 욕심 없어요. 그냥 참가하는 데에 의의가 있어요.**

(1) 가: 날씨도 춥고 사람도 많은데 그 콘서트에 꼭 가야 하니?

 나:

(2) 가: 용돈을 더 줄 테니까 아르바이트를 그만두는 게 좋겠어.

 나:

(3) 가: 이번 설날 연휴는 짧으니까 고향에 안 가는 게 낫겠어요.

 나:

(4) 가: 가족 모두 학교와 회사를 그만두고 어떻게 세계여행을 계획하셨어요?

 나:

(5) 가: 요즘 젊은 사람들이 결혼을 하지 않으려고 하는데 결혼에 대해 어떻게 생각하세요?

 나:

11과 단어 정리

정말 잘했어요!

1. 여러분은 얼마나 알고 있습니까? 표시(✓)하십시오.

☐ 격려하다	☐ 명절 증후군	☐ 얼굴을 익히다
☐ 겪다	☐ 몫	☐ 엿보다
☐ 곡식	☐ 본격적	☐ 예민하다
☐ 더위를 타다	☐ 부럼을 깨다	☐ 일꾼
☐ 더위를 팔다	☐ 상징하다	☐ 잡귀
☐ 딱딱하다	☐ 소화불량	☐ 쫓아내다
☐ 띠다	☐ 신성하다	☐ 화합
☐ 맞이하다	☐ 심심찮다	

❈ **자기 점검**

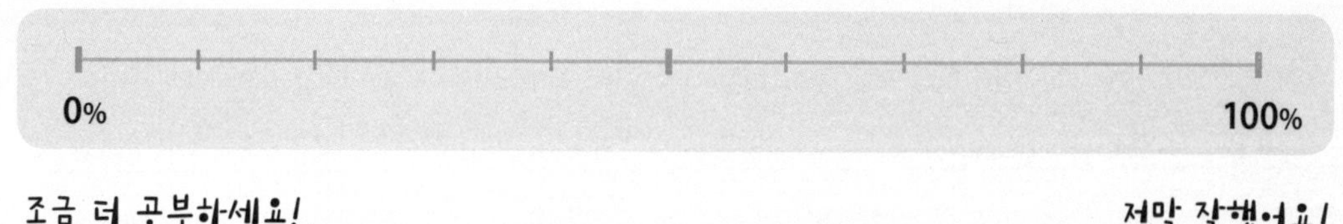

0%　　　　　　　　　　　　　　　　　　　　　　100%

조금 더 공부하세요!　　　　　　　　　　　　정말 잘했어요!

단군이 세운 나라가 바로 고조선이구나!

어휘와 표현

1. 알맞은 것을 골라 문장을 완성하십시오.

개천절	빈털터리	욕심	손맛	정체성

(1) 재산을 모두 날리고 지금은 _________________이/가 되었다.

(2) 청소년기는 자신의 _________________을/를 찾아보는 시기이다.

(3) 할머니는 _______________이/가 좋아서 하시는 음식이 다 맛있다.

(4) 10월 3일 _______________은/는 고조선의 건국을 기념하는 날이다.

(5) 그는 자기 몫에 만족을 못하고 남의 것까지 _______________을/를 냈다.

2. 알맞은 것을 골라 이야기를 완성하십시오.

견디다	부러뜨리다	심술궂다	차지하다

  형 놀부는 부모님이 돌아가시자 큰집을 혼자 (1)_________________기 위해 동생 흥부를 밖으로 쫓아냈다. 흥부가 먹을 것이 없어 형 놀부 집에 갔다가 형수님한테 밥주걱으로 뺨을 맞았지만 주걱에 붙어 있는 밥풀을 먹을 수 있어 아픔을 (2)_________________ 적도 있다.

(3)_________________ 형 놀부는 흥부가 제비 다리를 고쳐주고 부자가 되었다는 소식을 듣고 일부러 제비의 다리를 (4)_________________.

–에 의하면

1. 보기 와 같이 문장을 완성하십시오.

> 보기 연구결과: 연구결과에 의하면 사람이 거짓말을 할 때 목소리가 2배 이상 커진대요.

(1) 뉴　스:

(2) 소　문:

(3) 기상청:

(4) 내 경험:

2. 보기 와 같이 대화를 완성하십시오.

> 보기 **속담: 시작이 반이다**
>
> 가: 기말 시험에 발표, 그리고 논문까지 언제 다 할 수 있을지 걱정이에요.
> 나: 한국 속담에 의하면 시작이 반이라는 말이 있어요.
> 　시작하기가 어렵지 일단 시작하면 일은 끝나기 마련이에요. 힘내세요.

(1) **의학책: 브로콜리가 위의 기능을 좋게 하다**

　가: 요즘 속도 많이 아프고 소화도 안 돼.

　나:
　브로콜리를 좋아하지 않더라도 건강을 위해서 꾸준히 먹어봐.

(2) **설문조사: 한국 사람들이 한 달에 9번은 외식하다**

　가: 요즘은 예전에 비해 외식을 더 자주 하는 것 같아요.

　나:
　여러 가지 이유가 있겠지만 밖에서 활동하는 사람들이 많아져서 그런 것 같아요.

(3) **연구결과: 애완동물과 함께 자면 수면에 도움이 되다**

　가: 요즘 불면증 때문에 너무 힘들어. 사람들이 나한테 얼굴이 반쪽이 됐대.

　나:
　너도 이참에 애완동물을 키워 보는 건 어때?

(4) **청소년 근로기준법: 한국에서는 만 15세 이상부터 아르바이트가 가능하다.**

　가: 저기 편의점 아르바이트생이 굉장히 어려 보이던데 아르바이트를 해도 되나요?

　나:
　아마 고등학생일 테니까 너무 걱정하지 마세요.

─조차

1. 보기와 같이 대화를 완성하십시오.

> 보기　가: 아이가 영어를 그렇게 잘한다면서요?
> 　　　나: 아니에요. 아직 (알파벳) 알파벳 조차 몰라요.

(1) 가: 이제 발표준비 다 끝나가지요?

　　나: 다 끝나가기는요? (시작) ＿＿＿＿＿＿＿＿＿＿

(2) 가: 배가 침몰했다면서요?

　　나: 네, 그런데 배에 탄 (인원수) ＿＿＿＿＿＿＿＿＿＿

(3) 가: 아침에 밥 먹었니?

　　나: 늦잠을 자는 바람에 밥은커녕 (물) ＿＿＿＿＿＿＿＿＿＿

(4) 가: 상우 씨 어머니는 무슨 병인데 아직도 병원에 계세요?

　　나: 한 달 동안 검사를 받고 있지만 아직 병의 (원인) ＿＿＿＿＿＿＿＿＿＿

(5) 가: 운전면허증을 받은 지 벌써 5년이나 됐어요?

　　나: 면허증이 있기는 한데 혼자서 아직도 집 앞 (골목) ＿＿＿＿＿＿＿＿＿＿

2. 보기와 같이 문장을 완성하십시오.

> 보기　학생들에게 무관심한 그 선생은 학생들의 이름조차 모른다.

(1) 결혼은커녕 아직 ＿＿＿＿＿＿＿＿＿＿

(2) 이번 시험이 어려워서 ＿＿＿＿＿＿＿＿＿＿

(3) 친구들은 모두 집을 샀는데 나는 ＿＿＿＿＿＿＿＿＿＿

(4) 요즘 너무 바빠서 장을 못 봤더니 집에 ＿＿＿＿＿＿＿＿＿＿

(5) 논문 제출 마감일이 얼마 안 남았는데 아직 ＿＿＿＿＿＿＿＿＿＿

―마저

1. [보기]와 같이 문장을 완성하십시오.

> [보기]   너와 이번 학기까지 공부할 줄 알았는데 (너) 너마저 고향에 가는 구나.

(1) 내가 믿고 있던 (가족)

(2) 그는 은행에 모든 재산을 빼앗기고 (일자리)

(3) 작년에 할아버지가 돌아가시고 올해 (할머니)

(4) 그 배우의 나쁜 행동에 실망하여 사랑하던 (팬들)

(5) 소문에 의하면 지영 씨 아버지 사업이 잘 안 돼서 (집)

2. [보기]와 같이 이야기를 완성하십시오.

> [보기]   막차마저
> → 회식이 끝나고 지하철을 타려고 뛰어 갔지만 한발 늦었다.
> 그래서 결국 막차마저 놓쳤다. 그래서 택시를 타고 집에 왔다.

(1) 너마저

→

(2) 막내마저

→

(3) 아이들마저

→

(4) 어머니마저

→

(5) 결혼반지마저

→

Ⓢ 93p

─삼다

1. 알맞은 것을 골라 문장을 완성하십시오.

> **보기** 친구의 딸을 (며느리) 며느리로 삼으면 좋겠다.

(1) 그 학생을 (사위)   싶다.

(2) 저 멋진 배우를 (형)   좋겠다.

(3) 그녀는 딸을 (친구)   자주 이야기를 한다.

(4) 나는 친구의 동생을 (아내)   지 10년이 되었다.

(5) 나는 매일 드라마 보는 것을 (낙)   지내고 있다.

2. **보기** 와 같이 이야기를 완성하십시오.

> **보기** 운동 삼아
> → 요즘 퇴직한 어르신들이 아르바이트를 운동 삼아 한다. 특히 대형마트의 주차장이나 주유소에 가면 나이 많은 어르신들이 즐겁게 일하는 모습을 볼 수 있다.

(1) 재미 삼아

→

(2) 농담 삼아

→

(3) 장난삼아

→

(4) 경험 삼아

→

(5) 취미 삼아

→

1. 여러분은 얼마나 알고 있습니까? 표시(✓)하십시오.

☐ 개천절	☐ 밥주걱	☐ 월동준비
☐ 견디다	☐ 밥풀	☐ 유네스코(UNESCO)
☐ 공감대	☐ 부러뜨리다	☐ 인류무형문화유산
☐ 다스리다	☐ 빈털터리	☐ 전승하다
☐ 담그다	☐ 상업화	☐ 정체성
☐ 동굴	☐ 세우다	☐ 제법이다
☐ 뛰쳐나가다	☐ 소속감	☐ 제비
☐ 마늘	☐ 손맛	☐ 차지하다
☐ 물다	☐ 심술궂다	☐ 큰마음을 먹다
☐ 박씨	☐ 쑥	☐ 형성하다
☐ 밝히다	☐ 욕심	☐ 확정되다

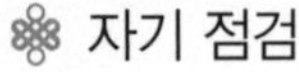

❀ 자기 점검

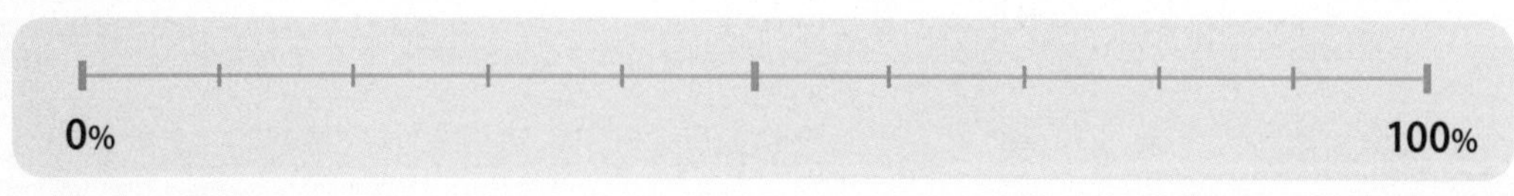

조금 더 공부하세요!   정말 잘했어요!

어휘와 표현

1. 알맞은 것을 골라 문장을 완성하십시오.

| 이산화탄소 | 미세먼지 | 일회용품 | 지구온난화 | 공장폐수 |

(1) 생활하수와 _________________이/가 수질과 토양을 오염시킨다.

(2) 대기의 온도가 점점 높아지는 현상을 _________________라고 한다.

(3) 사람이 한 번 숨 쉴 때 0.05그램의 _________________이/가 나온다.

(4) 나무젓가락, 비닐봉지, 종이컵 등과 같은 _________________ 사용량을 줄여야 한다.

(5) 대기오염의 심각한 원인인 _________________이/가 호흡기질환에 나쁜 영향을 준다.

2. 알맞은 것을 골라 써 넣으십시오.

| 녹색제품 | 대중교통 | 자연보호 | 재활용품 | 합성세제 |

1위: (1)_________________ 분리수거하기 — 93.2%

2위: (2)_________________ 이용하기 — 86.9%

3위: 음식물 쓰레기 줄이기 — 84.3%

4위: 일회용품 사용하지 않기 — 69.8%

5위: (3)_________________ 사용 줄이기 — 68.2%

6위: (4)_________________ 구입하기 — 54.2%

7위: (5)_________________ 운동 참여하기 — 35.1%

3. 문장을 읽고 어떤 환경문제를 이야기할 수 있는지 말해 봅시다.

　오늘 학교에서 친구들과 피자를 시켜 먹기로 한 날이다. 그래서 내가 피자집에 전화를 했더니 주문량이 많아서 배달이 밀렸다고 했다. 나는 전화로 피자 8판을 주문했다. (1)20분 후 피자를 찾으러 직접 걸어갔다. (2)피자집 아주머니께서 서비스로 콜라와 종이컵을 주셨다. 교실에 와서 친구들과 피자를 먹기 시작했다. 먹다보니 (3)피자 냄새가 나서 난방기를 켜 놓은 채 창문을 열어 환기를 시켰다. (4)우리는 피자에 치즈가루도 뿌리고 피클도 곁들여 맛있게 먹었다. 많이 먹었는데도 몇 조각이 남았다. (5)남기지 않으려고 했는데…. 14명이 8판을 주문한 것은 무리였다.

(1) 대기오염

(2) 일회용품

(3) 에너지 낭비

(4) 분리수거

(5) 음식물 쓰레기

어휘와 표현

1. 알맞은 것을 골라 문장을 완성하십시오.

| 주범 | 실천 | 자원 | 모금 | 보람 |

(1) 나는 나의 직업에 큰 _______________을/를 느낀다.

(2) 어려운 이웃을 돕기 위하여 _______________을/를 하고 있다.

(3) 일을 할 때 말만 하지 말고 _______________을/를 해야 한다.

(4) 수질오염의 _______________인 합성세제 사용을 줄여야 한다.

(5) 나라마다 부족한 _______________을/를 효율적으로 잘 활용해야 한다.

2. 알맞은 것을 골라 이야기를 완성하십시오.

| 썩다 | 유발하다 | 소박하다 | 지급하다 | 동참하다 |

(1) 흐르지 않는 물은 _______________ 마련이다.

(2) 일회용품 사용 줄이기 운동에 _______________ 있다.

(3) 어떤 광고는 소비자들의 충동구매를 _______________.

(4) 이 소설은 보통 사람들의 이야기를 _______________ 그렸다.

(5) 학교는 학생들에게 다양한 장학금을 _______________다고 발표했다.

−치고

1. 보기 와 같이 문장을 완성하십시오.

> 보기 (학생) 학생치고 시험을 좋아하는 사람은 없어요.

(1) (외국인) ________________________ 어디 있겠어요?

(2) (새 휴대폰) ________________________ 것을 못 봤어요.

(3) (남자) ________________________ 싫어하는 사람은 없어요.

(4) (한국 사람) ________________________ 모르는 사람은 없어요.

(5) (요즘 아이들) ________________________ 없는 사람은 없어요.

2. 보기 와 같이 대화를 완성하십시오.

> 보기 가: 한국사람들은 매일 김치를 먹는다면서요?
> 나: 네. 하지만 저는 한국인치고 김치를 자주 안 먹는 편이에요.

(1) 가: 그 가수가 노래를 잘해요?

　　나: ________________________

(2) 가: 그 농구 선수는 키가 커요?

　　나: ________________________

(3) 가: 상우 씨가 열심히 공부해요?

　　나: ________________________

(4) 가: 휴일이라 놀이공원에 사람이 많았겠어요.

　　나: ________________________

(5) 가: 어제 본 공포영화가 굉장히 무서웠지요?

　　나: ________________________

S 106p

ㅡ(으)ㄴ 채(로)

1. 보기 와 같이 문장을 완성하십시오.

> 보기 　옷을 (입다) 입은 채로 물에 들어갔다.

(1) 창문을 (열다)

(2) 벽에 (기대다)

(3) 불을 (켜 놓다)

(4) 안경을 (벗지 않다)

(5) 선물을 (주지 못하다)

2. 보기 와 같이 대화를 완성하십시오.

> 보기 　가: 한국 친구 집에 초대를 받았는데 뭘 조심하면 될까요?
> 　　　나: (신발) 한국에서는 신발을 신은 채 집안으로 들어가면 안 돼요.

(1) 가: 오늘 굉장히 피곤해 보이네요.

　　나: (불)

(2) 가: 오늘 왜 이렇게 늦게 왔어요?

　　나: (알람)

(3) 가: 어제 잠을 제대로 못 잤나 봐요?

　　나 : (옷)

(4) 가: 무슨 창피한 일이 있었나 봐요?

　　나: (지퍼)

(5) 가: 상우 씨, 어쩌다 감기에 걸렸어요?

　　나: (창문)

-거든

1. **보기**와 같이 문장을 완성하십시오.

> **보기** 집에 (도착하다) 도착하거든 전화해라.

(1) 그가 못 하겠다고 (하다)

(2) 나를 찾는 전화가 (오다)

(3) 할아버지께서 (편찮으시다)

(4) 확인하시고 마음에 (안 들다)

(5) 숙제를 하다가 모르는 것이 (있다)

2. **보기**와 같이 대화를 완성하십시오.

> **보기** 가: 엄마, 오늘 모임이 있어서 갔다 올게요.
> 나: (중요한 일) 중요한 일이거든 갔다 와라.

(1) 가: 이 옷 사고 싶은데 저한테 어울릴까요?
   나: (마음에 들다)

(2) 가: 이 옷이 동생한테 잘 맞을지 모르겠어요.
   나: (안 맞다)

(3) 가: 제가 이 어려운 숙제를 잘 할 수 있을까요?
   나: (모르다)

(4) 가: 배가 너무 부른데 다 먹을 수 있을지 모르겠어요.
   나: (많다)

(5) 가: 갑자기 집에서 빨리 오라고 연락이 와서 가야겠네요.
   나: (급한 일)

S 107p

동의표현

1. 보기 에서 골라 대화를 완성하십시오.

> 그러게 말이다   아닌 게 아니라   내 말이 그 말이다   일리가 있다

(1) 가: 시장에 갈 때 장바구니를 가지고 가면 쓰레기를 훨씬 줄일 수 있대.

　　나: 네 말에도 　　　　　　　　　　　지만 그게 말처럼 쉽지 않아.

(2) 가: 길거리에 쓰레기통이 좀 많았으면 좋겠어요.

　　나: 　　　　　　　　　　　. 쓰레기통이 없으니까 너무 불편해요.

(3) 가: 요즘 물가가 자꾸 올라서 걱정이에요.

　　나: 　　　　　　　　　　　어제 마트에 갔더니 값이 안 오른 게 없더라고요.

2. 보기 와 같이 대화를 완성하십시오.

> 보기 　**분리수거**
> 가: 우리 아파트는 매주 일요일이 분리수거하는 날이에요.
> 나: 아닌 게 아니라 제가 이사 온 아파트도 분리수거하는 날이 정해져 있어서 놀랐어요.

(1) **지구 온난화**

　　가: 지구 온난화로 이상기후가 많이 나타난다면서?

　　나:

(2) **일회용품**

　　가: 일회용품을 많이 사용하면 지구에 쓰레기만 남을 것 같아.

　　나:

(3) **대기오염**

　　가: 요즘 미세먼지가 너무 심해서 바깥에 나갈래야 나갈 수가 없어.

　　나:

(4) **생활하수**

　　가: 우리가 사용하는 샴푸나 비누가 수질오염의 주범이라고 하는데 안 쓸 수도 없고….

　　나:

정말 잘했어요!

1. 여러분은 얼마나 알고 있습니까? 표시(✓)하십시오.

☐ 나눔	☐ 설치하다	☐ 주범
☐ 녹색교통	☐ 성과	☐ 지급하다
☐ 달하다	☐ 성인병	☐ 질병
☐ 동참하다	☐ 소박하다	☐ 처리하다
☐ 모금	☐ 실천	☐ 청취자
☐ 보람	☐ 썩다	☐ 취지
☐ 분해되다	☐ 앱(App)	☐ 포인트(Point)
☐ 비닐봉지	☐ 에코(Eco)	☐ 혜택
☐ 비만	☐ 온실가스	☐ 환경호르몬
☐ 비움	☐ 유발하다	☐ 후원
☐ 생활권	☐ 일회용품	
☐ 서버(Server)	☐ 자원	

❀ 자기 점검

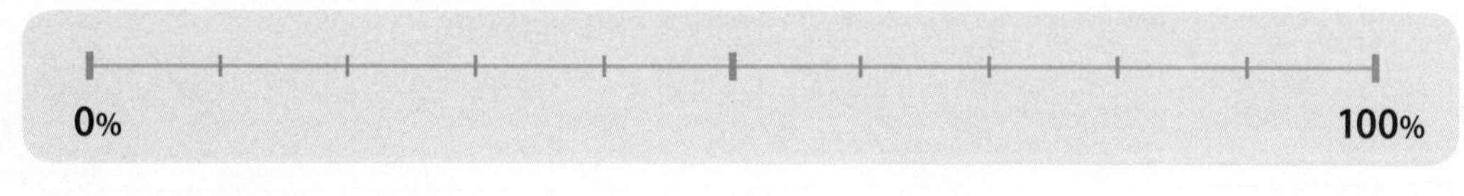

0% 100%

조금 더 공부하세요! 정말 잘했어요!

어휘와 표현

1. 알맞은 것을 골라 문장을 완성하십시오.

한도	경각심	배출	폐기	황사

(1) 매년 봄이면 _______________ 때문에 하늘이 뿌옇다.

(2) 사람마다 신용카드의 _______________ 이/가 정해져 있다.

(3) 이번 대형화재는 불에 대한 _______________ 을/를 일깨워 수었다.

(4) 반품으로 들어온 물건들은 대부분 _______________ 된다고 들었다.

(5) 쓰레기 종량제가 실시되자 쓰레기의 _______________ 이/가 크게 줄었다.

2. 알맞은 것을 골라 이야기를 완성하십시오.

예보하다	자제하다	드러나다	건조하다	잠기다

기상청에 의하면 한국은 대기가 (1)_______________ 한파가 곧 찾아 올 것이라고 (2)_______________. 반면에 우리 고향은 집중호우로 온 나라가 물에 (3)_______________ 것이라고 하였다. 뉴스를 보면서 가족들 걱정 때문에 흥분을 (4)_______________가 힘들었다. 요즘 세계적으로 이상 기후가 나타나는 것을 보면 환경오염의 결과들이 (5)_______________ 있는 것 같다.

―길래

1. 보기 와 같이 문장을 완성하십시오.

> 보기 백화점이 세일을 했다 / 옷을 많이 샀다
> → 백화점이 세일을 하길래 옷을 많이 샀어요.

(1) 운동화가 쌌다 / 또 사버렸다.

→

(2) 머리가 아팠다 / 일찍 집에 갔다.

→

(3) 친구들이 벌써 밥을 먹었다 / 혼자 밥을 먹었다.

→

(4) 친구가 영화를 보여 준다고 했다 / 그 영화를 봤다.

→

2. 보기 와 같이 대화를 완성하십시오.

> 보기 가: 무슨 과일을 이렇게 많이 사 오셨어요?
> 나: 오다가 마트에서 과일을 싸게 팔길래 샀어요.

(1) 가: 왜 나를 깨우지 않았어요?

나:

(2) 가: 낮잠을 5시간이나 잤다고요?

나:

(3) 가: 그 영화를 벌써 몇 번째 보는 거예요?

나:

(4) 가: 돈이 없다고 해 놓고 그렇게 비싼 식당에서 밥을 먹었어요?

나:

ⓢ 114p

-(는)다든지 -(는)다든지

1. 보기 와 같이 문장을 완성하십시오.

> 보기 　귤/딸기: 피곤할 때는 **귤이라든지 딸기라든지** 비타민이 많은 과일을 먹어 보세요.

(1) 전화하다/찾아가다: 궁금하면 ＿＿＿＿＿＿＿＿＿＿ 직접 알아보세요.

(2) 축구/야구: 저는 ＿＿＿＿＿＿＿＿＿＿ 공으로 하는 운동은 다 좋아해요.

(3) 재미있다/어렵다: 그 책이 ＿＿＿＿＿＿＿＿＿＿ 구체적으로 설명해 주세요.

(4) 부산/제주도 : 여름에는 ＿＿＿＿＿＿＿＿＿＿ 바나가 있는 곳에 자주 가요.

(5) 노래를 듣다/춤을 추다: 저는 ＿＿＿＿＿＿＿＿＿＿ 이렇게 하면 기분이 좋아요.

2. 보기 와 같이 대화를 완성하십시오.

> 보기 　가: 한국어를 잘 할 수 있는 방법을 알려 주세요.
> 　　　나: **한국친구를 사귄다든지 한국에 간다든지** 적극으로 노력해 보세요.

(1) 가: 쑤안 씨 고향에서는 명절에 주로 뭘 해요?

　　나: ＿＿＿＿＿＿＿＿＿＿＿＿＿＿＿＿

(2) 가: 한국에서 좋은 회사에 취직하려면 어떤 것을 준비하면 돼요?

　　나: ＿＿＿＿＿＿＿＿＿＿＿＿＿＿＿＿

(3) 가: 환경을 보호하기 위해 제가 할 수 있는 것이 뭐가 있을까요?

　　나: ＿＿＿＿＿＿＿＿＿＿＿＿＿＿＿＿

(4) 가: 다음 달이면 고향으로 돌아가는데 어떤 기념품을 사면 좋을까요?

　　나: ＿＿＿＿＿＿＿＿＿＿＿＿＿＿＿＿

(5) 가: 수업시간에 눈꺼풀이 천근만근이라 힘든데 어떻게 하면 좋을까요?

　　나: ＿＿＿＿＿＿＿＿＿＿＿＿＿＿＿＿

—는 대로

1. 보기 와 같이 문장을 완성하십시오.

> 보기 긴장하지 말고 어제 (연습하다) **연습한 대로** 하면 돼요.

(1) 일찍 온 (순서)   앉으면 됩니다.

(2) 그 때 상황을 (보다)   말해 주세요.

(3) 시험 문제가 (예상)   정말 어려웠어요.

(4) 지금 제가 (시키다)   천천히 따라해 보세요.

(5) 부모님께 자주 전화하기로 했는데 (마음먹다)   잘 안 돼요.

2. 보기 와 같이 대화를 완성하십시오.

> 보기 가: 말한 대로 어떤 일이 이루어진 것이 있어요?
> 나: 어렸을 때 의사가 되고 싶다고 말하고 다녔는데 정말 말한 대로 의사가 됐어요.

(1) 가: 사실대로 말했다가 후회한 적이 있어요?

      나:

(2) 가: 어제 뉴스에서 들은 대로 이야기해 주세요.

      나:

(3) 가: 마음먹은 대로 잘 안 되는 일은 어떤 것이 있어요?

      나:

(4) 가: 다른 사람들이 하는 대로 따라 해 본 경험이 있어요?

      나:

(5) 가: 각 나라의 수도를 몇 개 정도 알고 있는지 아는 대로 말해 보세요.

      나:

ⓢ 115p

–기(가) 일쑤이다

1. 보기 에서 골라 대화를 완성하십시오.

> 보기   그는 어렸을 때 (넘어지다) **넘어지기 일쑤라서** 친구들이 걱정을 많이 했어요.

(1) 동생은 물건을 (잃어버리다) ＿＿＿＿＿＿ 엄마한테 자주 혼나요.

(2) 형은 엉뚱한 (말을 하다) ＿＿＿＿＿＿ 사람들을 당황하게 만들어요.

(3) 요즘 아침밥은커녕 (굶다) ＿＿＿＿＿＿ 건강이 많이 안 좋아졌어요.

(4) 예전에는 자주 (밤을 새우다) ＿＿＿＿＿＿ 지금은 힘들어서 못 해요.

(5) 어렸을 때 (지각하다) ＿＿＿＿＿＿ 친구들이 저를 지각대장이라고 불렀어요.

2. 보기 와 같이 대화를 완성하십시오.

> 보기   가: 얼굴이 반쪽이에요. 요즘 무슨 일 있어요?
> 나: **요즘 입맛이 없어서 밥을 굶기 일쑤예요.**

(1) 가: 자주 하는 실수가 뭐예요?

　　나:

(2) 가: 고쳐야 하는 나쁜 습관이 있어요?

　　나:

(3) 가: 술을 많이 마시면 어떤 실수를 자주 해요?

　　나:

(4) 가: 뭘 그렇게 열심히 써요? 항상 메모를 하는 것 같아요.

　　나:

(5) 가: 저는 사람들 앞에서 말하는 게 두려운데 리사 씨는 어때요?

　　나:

정말 잘했어요!

1. 여러분은 얼마나 알고 있습니까? 표시(✓)하십시오.

☐ 가공	☐ 배출	☐ 저장
☐ 가상	☐ 산업화	☐ 집중호우
☐ 강수량	☐ 상승	☐ 폐기
☐ 개념	☐ 소비	☐ 포함
☐ 거래	☐ 예보하다	☐ 한도
☐ 건조하다	☐ 유산	☐ 한파
☐ 경각심	☐ 유통	☐ 해수면
☐ 대기정보	☐ 자손	☐ 호흡기질환
☐ 도시화	☐ 자제하다	☐ 황사
☐ 드러나다	☐ 잠기다	☐ 힘을 기울이다
☐ 물려주다	☐ 재배	

❋ 자기 점검

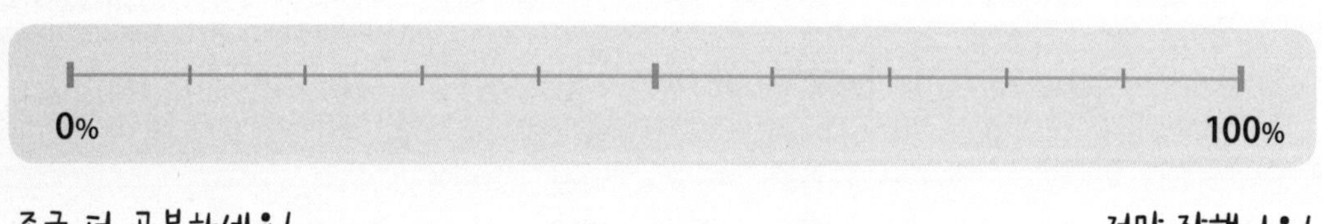

0%　　　　　　　　　　　　　　　　　　　　　　　　100%

조금 더 공부하세요!　　　　　　　　　　　　정말 잘했어요!

취미 생활

어휘와 표현

1. 알맞은 것을 골라 문장을 완성하십시오.

| 재충전 | 기분전환 | 자기만족 | 자기계발 | 동호회 |

(1) 주말에 공기가 좋은 곳으로 나가 ＿＿＿＿＿＿＿＿＿＿을/를 했다.

(2) 나는 격주로 볼링 ＿＿＿＿＿＿＿＿＿＿에서 스트레스를 해소한다.

(3) 그 친구는 ＿＿＿＿＿＿＿＿＿＿에 빠져서 다른 사람의 충고를 잘 듣지 않는다.

(4) 꾸준히 ＿＿＿＿＿＿＿＿＿＿을/를 해 온 사람은 좋은 기회가 왔을 때 잡을 수 있다.

(5) 유명 가수는 잠깐 방송 활동을 중단하고 ＿＿＿＿＿＿＿＿＿＿의 시간을 가지기로 했다.

2. 알맞은 것을 골라 그래프 설명을 완성하십시오.

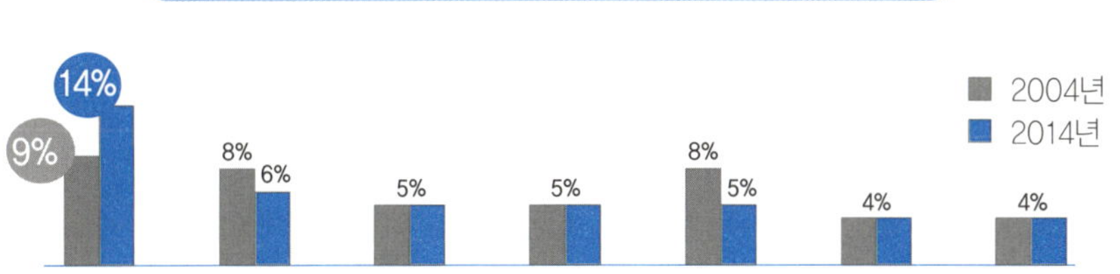

〈출처: 한국갤럽〉

지난 10년간 한국인의 (1)＿＿＿＿＿＿＿＿＿＿ 변화를 조사하였다.

위 그래프에 의하면 2004년과 2014년 모두 1위는 (2)＿＿＿＿＿＿＿＿＿＿(으)로 나타났으며 10년 전에 비해 5%가 증가하였다. 반면에 음악 감상과 (3)＿＿＿＿＿＿＿＿＿＿은/는 10년 전에 비해 2~3% 줄어들었다. 또한 헬스와 (4)＿＿＿＿＿＿＿＿＿＿은/는 5%로 10년 전과 동일하며, 산책과 (5)＿＿＿＿＿＿＿＿＿＿은/는 4%로 10년 전과 동일하게 나타났다.

3. 한국어에는 '헬스(health), 게임(game), 스트레스(stress)'와 같은 외래어가 많이 있습니다.
다음 외래어들의 뜻을 알아봅시다.

캠핑(camping)　　캐릭터(character)　　앙코르(encore)　　파이팅(fighting)

힐링(healing)　　파파라치(paparazzi)　　펜션(pension)　　웰빙(well-being)

스크린 도어(screen door)　　　　스팸 메일(spam mail)

4. 아래 그래프는 〈한국인이 가보고 싶은 외국 도시 베스트 10〉입니다. 여러분도 친구들과 가보고
싶은 나라 또는 도시에 대해 조사해 봅시다.

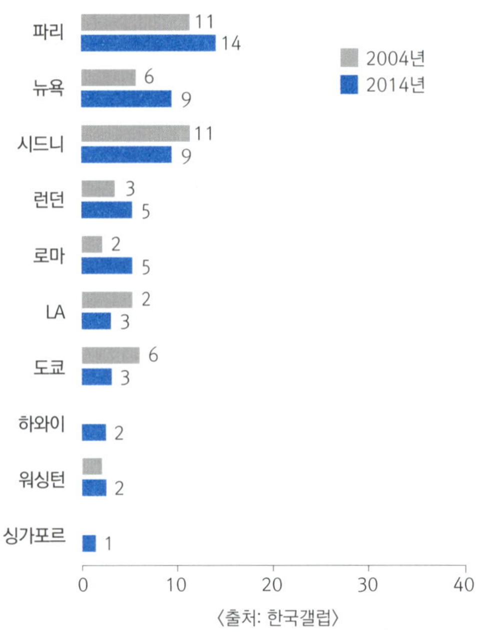

〈출처: 한국갤럽〉

1위는 14%로 '프랑스의 파리'가 차지했다. '미국의 뉴욕'(9%)과 '호주의 시드니'(9%)가 그 뒤를 이었으며 '영국의 런던'(5%), '이탈리아의 로마'(5%), '미국의 LA'(3%), '일본의 도쿄'(3%), '미국의 하와이'(2%), '미국의 워싱턴'(2%), '싱가포르'(1%) 등이 10위권에 들었다.

'예술과 낭만, 패션의 도시' 파리는 남성보다 여성의 관심이 더 높았고, '미국 최대의 도시' 뉴욕은 10대가 가장 가보고 싶은 도시로 응답했다.

■ 여러분은 어디에 가장 가보고 싶어요? 그 이유와 함께 말해 주세요.

(1) 혼자 여행

(2) 신혼여행

(3) 가족 여행

(4) 　　　　?

어휘와 표현

1. 알맞은 것을 골라 문장을 완성하십시오.

> 꿈도 못 꾸다   바람을 일으키다   재미를 붙이다   첫발을 내딛다   만만치 않다

(1) 20대는 사회에 ________________은/는 시기이다.

(2) 우리 집 형편으로 어학연수는 ________________은/는 일이다.

(3) 유학을 가려고 이것저것 계산해 보니까 비용이 ______________.

(4) 그 가수의 특유한 춤과 노래가 세계적으로 큰 ______________ 있다.

(5) 영어에 관심이 없던 내가 영어 선생님 덕분에 영어에 ______________ 되었다.

2. 알맞은 것을 골라 대화를 완성하십시오.

> 도전   용기   선의   대상   규모

가: 나오카 씨는 (1)______________의 경쟁을 해 본 적이 있어요?

나: 그럼요. 지난 학기에 외국인을 (2)________________(으)로 한국어 토론 대회가 있었어요.

(3)________________이/가 큰 토론 대회는 아니었지만 혼자 토론 대회에 참가하는 것은

꿈도 못 꾸고 있었어요. 그런데 친구들이 경험 삼아 같이 (4)______________ 하자길래

(5)________________을/를 냈던 기억이 나요. 그 때 친구들과 기분 좋은 경쟁을 했기

때문에 더 열심히 했던 것 같아요.

–(으)ㄹ 게 뻔하다

1. 보기 와 같이 문장을 완성하십시오.

> 보기 주말에 극장에 가면 (표가 없다) 표가 없을 게 뻔해요.

(1) 설날 연휴에 (길이 막히다)

(2) 유명한 디자이너의 옷이니까 (비싸다)

(3) 주말이라서 놀이공원에 사람이 (많다)

(4) 점심시간이 한참 지났으니 (밥을 먹었다)

(5) 영화관에 사람이 없는 걸 보니까 (영화가 재미없다)

2. 보기 와 같이 대화를 완성하십시오.

> 보기 가: 리사 씨는 자주 지각을 하니까 오늘도 늦게 올 게 뻔해요.
> 나: 맞아요. 요즘 늘 늦게 오더라고요.

(1) 가: 주말에는

　　나: 그러니까 더 복잡해지기 전에 빨리 갔다 오자.

(2) 가: 흐린 걸 보니까

　　나: 그러니까 귀찮더라도 우산을 꼭 챙겨 가도록 해.

(3) 가: 연습을 많이 못해서 이번에는

　　나: 맞아. 게다가 상대팀이 굉장히 강한 팀이래.

(4) 가: 약속을 안 지키면

　　나: 맞아. 선생님한테 혼나지 않으려면 내일까지 꼭 해야 해.

(5) 가: 이 시간에 먹으면

　　나: 그러니까 이 늦은 시간에 먹으면 안 돼. 배가 고프더라도 참아.

Ⓢ 128p

–(으)ㄹ 게 뭐 있나요?

1. 보기 와 같이 대화를 완성하십시오.

> 보기 가: 좋아하는 사람이 있는데 어떻게 마음을 전해야 할지 모르겠어요.
> 나: (고민하다/ 진심으로 고백하다) 고민할 게 뭐 있나요? 진심으로 고백하면 되지요.

(1) 가: 곧 기말시험인데 어떻게 공부해야 할지 모르겠어요.

　나: (공부하다/ 평소 실력으로 보다)

(2) 가: 내일 소개팅이 있는데 무슨 이야기를 해야 할지 긴장이 돼요.

　나: (긴장하다/ 자연스럽게 말하다)

(3) 가: 숙제를 하려면 그 책이 필요한데 어디에서 사야 할지 모르겠어요.

　나: (사다/ 잠깐 빌리다)

(4) 가: 노래를 학원에서 배울까 하는데 학원이 많아서 어디가 좋을지 모르겠어요.

　나: (배우다/ 매일 집에서 연습하다)

2. 보기 와 같이 대화를 완성하십시오.

> 보기 가: 다음 달이면 고향에 가는 데 뭘 준비해야 할지 모르겠어요.
> 나: 준비할 게 뭐 있나요? 한국 기념품을 사서 가면 되지요.

(1) 가: 집을 구해야 하는데 어떻게 구해야 하는지 모르겠어요.

　나:

(2) 가: 요즘 면접시험 준비 중이라 스트레스가 많아요.

　나:

(3) 가: 생일파티에 초대를 받았는데 뭘 입고 가야 할지 모르겠어요.

　나:

(4) 가: 친구가 아는 척도 안 하고 지나갔는데 이유를 모르겠어요.

　나:

(비록) –(는)다 해도

1. 보기 와 같이 문장을 완성하십시오.

> 보기 한국어가 어려워요/ 포기하지 않을 거예요.
> → 비록 한국어가 어렵다 해도 포기하지 않을 거예요.

(1) 부자예요/ 다 행복한 건 아니에요.

→

(2) 값이 비싸요/ 품질이 다 좋은건 아니에요.

→

(3) 돈이 많이 들어요/ 해외여행을 꼭 갈 거예요.

→

(4) 공부를 잘 했어요/ 다 성공하는 건 아니에요.

→

2. 보기 와 같이 대화를 완성하십시오.

> 보기 가: 기숙사가 그렇게 불편한데도 기숙사에 살고 싶다고요?
> 나: 네. 비록 기숙사 생활이 불편하다 해도 기숙사에서 꼭 살고 싶어요.

(1) 가: 비가 많이 온다는데 여행을 가려고요?

나: 네.

(2) 가: 나이가 어린데 좋은 친구가 될 수 있을까요?

나: 그럼요.

(3) 가: 그렇게 몸이 아프면 오늘은 집에서 쉬어도 돼요.

나: 아니에요.

(4) 가: 하면 할수록 공부가 어려울 텐데 계속 공부를 할 거예요?

나: 그럼요.

S 129p

이래봐도/그래봐도/저래봐도

1. 보기 에서 골라 대화를 완성하십시오.

> 보기   이 옷이 평범해 보이지만 **이래봐도** 백화점에서 비싸게 산 옷이에요.

(1) 잘 하는 게 없지만   저도 집에서는 귀한 자식이에요.

(2) 지금은 취직을 못 해서 놀고 있지만   서울대 졸업생이에요.

(3) 저 아이가 마냥 놀기만 하지만   외국어를 5개나 할 수 있대요.

(4) 저 가방이 싸구려처럼 보이지만   없어서 못 파는 인기 상품이래요.

(5) 친구가 요즘 요리를 잘 안 하지만   예전에는 잘나가는 요리사였어요.

2. 보기 와 같이 대화를 완성하십시오.

> 보기   가: 오늘 머리 너무 이상하다!
> 나: 제 머리가 어때서요? **이래봐도 명동에서 제일 비싼 미용실에서 한 머리예요.**

(1) 가: 저 식당이 유명하다니 믿을 수가 없어요.

     나:

(2) 가: 웬 카메라예요? 카메라가 너무 낡아 보여요.

     나:

(3) 가: 상우 씨는 학교에서 잠만 자고 도대체 학교에 왜 오는지 모르겠어요.

     나:

(4) 가: 이런 그림은 나도 그릴 수 있을 거 같아. 이거 정말 유명한 그림 맞아?

     나:

(5) 가: 우리 옆집에 사는 아저씨가 밤마다 얼마나 시끄럽게 노래를 부르는지 몰라.

     나:

17과 단어 정리

정말 잘했어요!

1. 여러분은 얼마나 알고 있습니까? 표시(✓)하십시오.

☐ 경향	☐ 바람을 일으키다	☐ 정상
☐ 관람객	☐ 삶의 활력	☐ 철없다
☐ 규모	☐ 선의	☐ 첫발을 내딛다
☐ 꼼꼼하다	☐ 아기자기하다	☐ 추세
☐ 꿈도 못 꾸다	☐ 연봉	☐ 취향
☐ 대상	☐ 열광하다	☐ 합성어
☐ 도전하다	☐ 용기	☐ 현상
☐ 만만치 않다	☐ 위로하다	☐ 현장
☐ 매출	☐ 일시적	
☐ 메아리	☐ 재미를 붙이다	

❈ 자기 점검

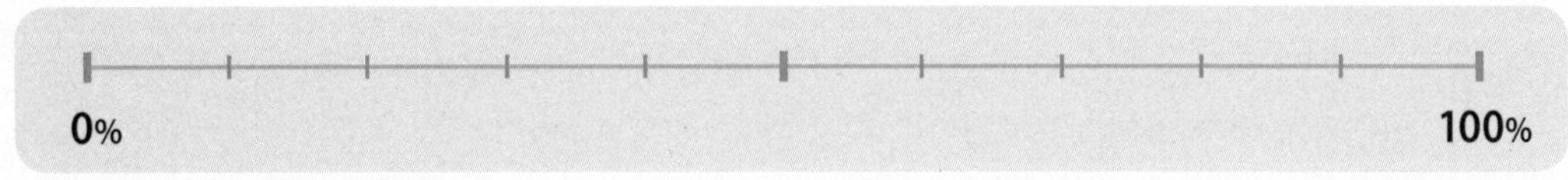

0%　　　　　　　　　　　　　　　　　　　　　　　　　　　　100%

조금 더 공부하세요!　　　　　　　　　　　　　　　정말 잘했어요!

어휘와 표현

1. 알맞은 것을 골라 문장을 완성하십시오.

> 벗어나다　　공유하다　　독특하다　　주저하다　　간직하다

(1) 이 학교는 오랜 역사를 ＿＿＿＿＿＿＿＿＿ 있다.

(2) 그 화가는 ＿＿＿＿＿＿＿＿ 방법으로 그림을 그렸다.

(3) 이 기쁜 소식을 반 친구들과 함께 ＿＿＿＿＿＿＿＿ 싶다.

(4) 노래를 부를까 말까 ＿＿＿＿＿＿＿다가 기회를 놓쳤다.

(5) 나이가 들면 도시에서 ＿＿＿＿＿＿＿＿ 고향인 시골에서 살고 싶다.

2. 알맞은 것을 골라 대화를 완성하십시오.

> 머리를 식히다　　　추위를 이기다　　　애착이 가다

가: 안녕하세요. 바쁘신데 이렇게 인터뷰에 응해 주셔서 감사합니다.

나: 별말씀을요. 멋진 곳에 초대해 주셔서 (1)＿＿＿＿＿＿＿＿＿러 온 것 같아 좋습니다.

가: 지금까지 출연한 영화 중 가장 (2)＿＿＿＿＿＿＿＿＿ 작품이 무엇입니까?

나: 연기 인생 50년인데 모든 작품이 제 자식 같지요.

　그렇지만 (3)＿＿＿＿＿＿＿＿＿며 남극에서 촬영했던 작품이 가장 기억에 남습니다.

–(으)ㄹ 겸해서

1. 보기 와 같이 문장을 완성하십시오.

> 보기 쇼핑을 하다 / 영화를 보다 / 명동에 가다
> → 쇼핑도 하고 영화도 볼 겸해서 명동에 가요.

(1) 돈을 벌다 / 경험을 쌓다 / 아르바이트하다

→ ____

(2) 책을 빌리다 / 공부를 하다 / 도서관에 가다

→ ____

(3) 기분 전환을 하다 / 스트레스를 풀다 / 여행하다

→ ____

(4) 한국어를 공부하다 / 한국 문화를 배우다 / 한국에 오다

→ ____

2. 보기 와 같이 대화를 완성하십시오.

> 보기 가: 부모님께 왜 그렇게 자주 전화를 해요.
> 나: 안부도 전하고 목소리도 들을 겸해서 자주 전화하는 편이에요.

(1) 가: 힘들다고 하면서 등산을 왜 해요?

나: ____

(2) 가: 바쁘다면서 친구를 왜 만나러 가요?

나: ____

(3) 가: 이 늦은 시간에 밖에 왜 갔다 왔어요?

나: ____

(4) 가: 한국 드라마를 자주 보는 이유가 뭐예요?

나: ____

S 136p

–(으)ㄴ 나머지

1. 보기 와 같이 문장을 완성하십시오.

> 보기 너무 (피곤하다) 피곤한 나머지 옷을 입은 채 잠이 들었어요.

(1) 그 영화가 너무 (슬프다)   펑펑 울었어요.

(2) 급하게 너무 (서두르다)   넘어지고 말았어요.

(3) 음식을 너무 급하게 (먹다)   체해서 병원에 갔어요.

(4) 노래방에서 노래를 너무 많이 (부르다)   목이 쉬었어요.

(5) 친구의 소식을 듣고 너무 (놀라다)   들고 있던 컵을 떨어뜨렸어요.

2. 보기 와 같이 대화를 완성하십시오.

> 보기 가: 숙제를 왜 다 못 했어요?
> 나: 숙제가 너무 많은 나머지 다 할 수가 없었어요.

(1) 가: 아까 왜 울었어요?
　　나:

(2) 가: 왜 거짓말을 했어요?
　　나:

(3) 가: 시력이 왜 그렇게 나빠졌어요?
　　나:

(4) 가: 왜 남의 물건을 말도 없이 가지고 갔어요?
　　나:

(5) 가: 농담으로 한 말을 가지고 왜 화를 냈어요?
　　나:

―아/어/여야

1. 보기 와 같이 문장을 완성하십시오.

> 보기 겨울에 눈이 (오다) **와야** 스키를 탈 수 있어요.

(1) 이 기계는 동전을 (넣다)   작동해요.

(2) 날씨가 (좋다)   체육대회를 할 거래요.

(3) 열심히 (공부하다)   시험을 잘 볼 수 있어요.

(4) 이 유치원은 부모님이 (맞벌이)   들어 갈 수 있어요.

(5) 모든 과목에서 60점 이상을 (받다)   5급에 갈 수 있어요.

2. 보기 와 같이 대화를 완성하십시오.

> 보기 가: 여기에서 아르바이트를 하려면 뭐가 필요해요?
> 나: 한국어 능력 시험 5급 이상이 있어야 일할 수 있어요.

(1) 가: 여권을 만들려면 뭐가 필요해요?

　　나:

(2) 가: 살을 빼려면 어떻게 하면 될까요?

　　나:

(3) 가: 이 학교는 졸업을 하려면 뭘 해야 해요?

　　나:

(4) 가: 학교 식당에서 밥을 먹으려면 어떻게 해야 해요?

　　나:

(5) 가: 장기자랑 대회에 참가하려면 언제까지 신청하면 될까요?

　　나:

S 137p

신체관용어구

눈이 높다	콧대가 높다	입이 가볍다	손이 크다	눈 깜짝할 사이
얼굴이 두껍다	입이 짧다	눈코 뜰 새가 없다	입이 무겁다	귀가 얇다

1. [보기] 같이 문장을 완성하십시오.

> [보기]　제 친구는 **얼굴이 두꺼워서** 창피한 것을 잘 몰라요.

(1) 저 여자는 _______________ 말 한마디조차 걸기 힘들어요.

(2) 저는 _______________ 편이라서 다른 사람의 말을 잘 믿어요.

(3) 어머니는 _______________ 항상 음식을 넉넉하게 준비하세요.

(4) 그런 비밀은 _______________ 친구한테 절대로 말하면 안 돼요.

2. [보기] 와 같이 대화를 완성하십시오.

> [보기]　가: 쑤안 씨가 유학을 갔다 온 후로 잘난 척을 많이 하는 것 같아요.
> 　　　　나: 네, 예전에는 저렇게 **콧대가 높지** 않았는데 말이에요.

(1) 가: 밥을 잘 안 먹으니 그렇게 말랐지요.

　　나: _______________

(2) 가: 철수 씨는 어떤 말을 해도 믿을 만한 사람이에요.

　　나: _______________

(3) 가: 올해 한 것이 하나도 없는 것 같은데 벌써 12월이네요.

　　나: _______________

(4) 가: 지영 씨 주위에 괜찮은 사람이 많은데 왜 결혼을 안 하죠?

　　나: _______________

(5) 가: 그 친구는 툭하면 찾아와서 어려운 부탁을 하는 것 같아요?

　　나: _______________

1. 여러분은 얼마나 알고 있습니까? 표시(✓)하십시오.

☐ 간직하다	☐ 머리를 식히다	☐ 애착
☐ 공유하다	☐ 명물	☐ 여겨지다
☐ 공존하다	☐ 밀어내다	☐ 의외
☐ 놋그릇	☐ 밀집되다	☐ 이국적
☐ 단골손님	☐ 벗어나다	☐ 적합하다
☐ 당일치기	☐ 본명	☐ 주저하다
☐ 도심	☐ 사로잡다	
☐ 독특하다	☐ 수목원	

❈ 자기 점검

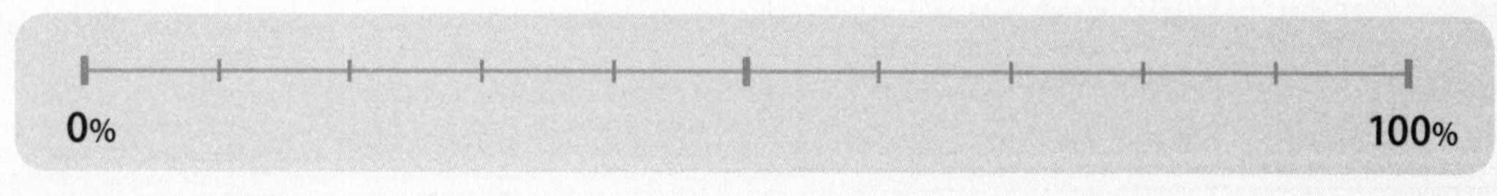

0% — 100%

조금 더 공부하세요!　　　　　　　　　　　　정말 잘했어요!

어휘와 표현

1. 알맞은 것을 골라 문장을 완성하십시오.

재수강	대출 연장	계절학기	등록금	회원 모집

(1) 올해 사립대학교의 ＿＿＿＿＿＿＿＿＿이/가 작년에 비해 15% 오른 것으로 나타났다.

(2) 새 학기를 맞아 각 동아리마다 ＿＿＿＿＿＿＿＿＿을/를 위해 적극적으로 홍보하고 있다.

(3) 지난 학기에 들은 수업 중 학점이 좋지 않은 두 과목을 이번 학기에 ＿＿＿＿＿＿＿＿＿
해야 한다.

(4) 다음 학기에는 여유 있게 취업 준비를 하려고 이번 여름방학 때 ＿＿＿＿＿＿＿＿＿을/를
들으려 한다.

(5) 도서관에서 빌린 책을 제때에 반납하기 어려우면 도서관에 직접 가서 ＿＿＿＿＿＿＿＿＿
을/를 신청하거나 홈페이지에서 신청하면 된다.

2. 알맞은 것을 골라 써 넣으십시오.

제한 인원	학점	강의 계획서	교과목명	담당 교수

NO	개설 영역	학년	학수 번호	(1)	(2)	(3)	시간	(4)	강의시간 강의실	(5)
1	전공	1	E04317101	🗋	국문학개론	3	3	김은정	수7/금5,6 (0338)	60
2	전공	2	E04107201	🗋	국어교육론	3	3	송현아	화4,5,6 (1503)	40
3	전공	3	E04304101	🗋	국어문법론	3	3	박수정	화2/목7,8 (1210)	50

(1)＿＿＿＿＿＿＿＿＿　　　　(2)＿＿＿＿＿＿＿＿＿

(3)＿＿＿＿＿＿＿＿＿　　　　(4)＿＿＿＿＿＿＿＿＿

(5)＿＿＿＿＿＿＿＿＿

3. 와 같이 자기 나라의 대학생활을 간단히 정리해서 써 보십시오.

O·T	
M·T	
동아리 활동	
아르바이트	
학비	
수업 관련	

보기 한국

(1) O·T
보통 입학 전에 하며 신입생들이 학교에 잘 적응할 수 있게 다양한 정보와 프로그램을 제공한다. 학과 선배들, 동기들과 처음으로 만나 친해질 수 있기 때문에 어색하더라도 참석하는 것이 좋다.

(2) M·T
동기들과 친목을 도모하기 위해 1박 2일, 2박 3일 정도 가는 여행이다. 보통 해 먹을 음식과 술 등을 사가지고 가는 경우가 많다. 지나친 음주로 인해 M·T의 의미가 퇴색되는 경우도 있다.

(3) 동아리 활동
학과 전공과 관계없이 자기의 취미와 특기를 살려 활동할 수 있는 모임으로 대학 내에 여러 동아리가 존재한다. 뮤지컬 동아리, 산악 동아리, 사진 동아리, 봉사활동 동아리, 풍물패, 토론 동아리 등 다양하다.

(4) 아르바이트
생활비나 학비를 벌기 위해 아르바이트를 하는 학생들이 많으며 경험을 쌓는 수단이 되기도 한다. 대학생들이 제일 선호하는 아르바이트로 개인과외가 있는데 다른 아르바이트에 비해 보수가 좋기 때문이다.

(5) 학비
한국 대학의 학비는 비싼 편으로 학교와 전공에 따라 차이가 심하다. 부모님에게 의존하는 경우, 틈틈이 알바로 충당하는 경우도 있지만 학자금 대출을 이용하기도 한다.

(6) 수업 관련
일 년에 두 학기로 나뉘는데 1학기는 3월부터 6월, 2학기는 9월부터 12월이다. 한 학기에 보통 중간고사, 기말고사를 봐야 하고 과제 및 발표가 있다. 보통 한 학기에 20학점 내외(일주일에 20시간씩)를 수강해야 한다.

어휘와 표현

1. 알맞은 것을 골라 문장을 완성하십시오.

마무리하다	앞서다	막막하다	깨닫다	반영하다

(1) 작가는 자신의 경험과 사고방식을 작품에 그대로 ___________________.

(2) 이번 어려움을 통해 주변 사람이 참 소중한 사람들이라는 것을 ___________________.

(3) 올해가 시작되었던 때가 엊그제 같은데 벌써 한 해를 ___________________ 때가 되었나.

(4) 곧 시험을 봐야 해서 책상 앞에 앉았는데 어떻게 공부를 시작해야 할지 정말 ___________________.

(5) 나는 개인적인 일뿐만 아니라 회사 일에도 이성보다 감성이 ___________________ 사람이라 후회하는 일이 종종 생긴다.

2. 알맞은 것을 골라 문장을 완성하십시오.

실시하다	차지하다	분석되다	답하다	뒤를 잇다

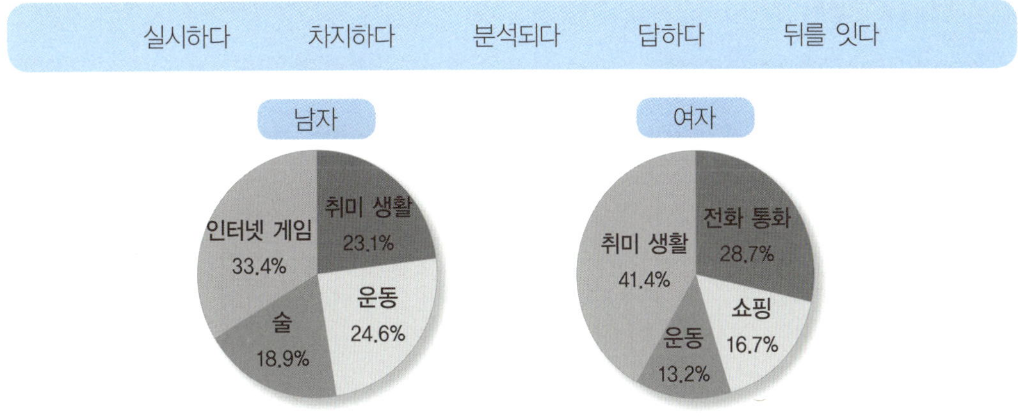

[2~30대 직장인들의 스트레스 해소법]

2~30대 직장인을 대상으로 스트레스 해소법에 대한 설문을 (1)___________________ 결과 남성과 여성의 스트레스 해소법에 차이가 있음을 알 수 있었다. 남성의 경우 '인터넷 게임'이, 여성의 경우 '취미 생활'이 1위를 (2)___________________. 여성의 스트레스 해소법으로 '취미 생활' 다음 '전화 통화'가 그 (3)___________________. 이는 대화를 즐기는 여성의 특성이 반영된 것으로 (4)___________________. 남성의 경우 '술'이라고 (5)___________________ 사람이 18.9%로 나타났다.

이렇게 -아/어/여서야 (어디)

1. 보기 와 같이 문장을 완성하십시오.

> 보기 공부를 안 하다 / 4급을 수료할 수 없다
> → 이렇게 공부를 안 해서야 어디 4급을 수료하겠어요?

(1) 아프다 / 시험을 보러 가지 못한다

→

(2) 불친절하다 / 장사를 잘 할 수 없다

→

(3) 술을 마시다 / 건강을 지키지 못한다

→

(4) 물가가 오르다 / 서민들이 살 수 없다

→

2. 보기 와 같이 대화를 완성하십시오.

> 보기 가: 청소에 숙제에 할 일이 태산인데 아무것도 하기가 싫어. 너무 귀찮다.
> 나: 이렇게 게을러서야 어디 밥 먹고 살겠어?

(1) 가: 입맛이 없어요. 그냥 안 먹을래요.

나:

(2) 가: 졸려 죽겠어요. 책상에 앉아 있기는 하는데 집중이 안 되네요.

나:

(3) 가: 난 내 생각을 바꿀 수 없어요. 내 생각이 무조건 옳다고 생각해요.

나:

(4) 가: 무서워서 밖에 혼자 못 나가겠어요. 벌써 9시가 돼서 밖이 깜깜하단 말이에요.

나:

─(는)다면야 ─(으)ㄹ 게 없다

1. 보기 와 같이 문장을 완성하십시오.

> 보기 내가 원하는 대학교에 (입학하다) 입학한다면야 더 이상 바랄 게 없겠다.

(1) 네가 (도와주다)

(2) 그 말대로 (되다)

(3) 그녀의 마음을 (얻다)

(4) 이 세상에 시험이 (없다)

(5) 돈 걱정 없이 (살 수 있다)

2. 보기 와 같이 문장을 완성하십시오.

> 보기 날씨가 너무 추울 때.
> → 따뜻한 방에서 이불 덮고 누워 있다면야 더 이상 바랄게 없겠다.

(1) 룸메이트랑 아직 화해를 못 했을 때.

→

(2) 월급이 너무 적어서 직장을 옮길까 고민하고 있을 때.

→

(3) 남들은 연휴에 해외여행을 간다고 난리인데 나는 너무 바쁠 때.

→

(4) 몸이 약해서 병원에 자주 가고, 하고 싶은 일을 마음껏 하지 못할 때.

→

(5) 대학생인데 공부만 하다 보니 경험을 쌓을 기회가 별로 없어서 후회가 될 때.

→

여간 −지 않다

1. **보기**와 같이 문장을 완성하십시오.

> **보기**　날씨가 (정말 춥다) 여간 춥지 않다.

(1) 상우 씨가 밥을 (정말 잘 먹는다)

(2) 4급에 와서 공부해 보니 (정말 어렵다)

(3) 나는 요즘에 스트레스를 (참 많이 받는다)

(4) 마리오 씨가 여자들한테 인기가 (아주 많다)

(5) 우리 반 학생들이 공부를 (아주 열심히 한다)

2. **보기**와 같이 문장을 완성하십시오.

> **보기**　가: 지금 밖에 비가 많이 와요?
> 　　　　나: 네. 비가 여간 많이 오는 게 아니네요. 그냥 집에 있는 게 좋겠어요.

(1) 가: 새로 일을 시작해서 무척 바쁘시겠어요.

　　나:

(2) 가: 지금 다니는 학교는 어때요? 자세히 얘기 좀 해 주세요.

　　나:

(3) 가: 줄리앙 씨 노래 솜씨가 대단하다고 하던데 들어 봤어요?

　　나:

(4) 가: 요즘 좋은 일이 생겼다는 소문이 돌던데 얘기 좀 해 주세요.

　　나:

(5) 가: 요즘 이런 스타일이 유행이라니까 이 옷으로 사는 게 어때요?

　　나:

통

1. 보기 와 같이 문장을 완성하십시오.

> 보기   그 사람은 성격이 아주 좋아서 통 화를 내지 않는다.

(1) 나는 연예인에 대해

(2) 시험공부 때문에 바빠서

(3) 용돈이 다 떨어져서

(4) 고향에서는 운동을 자주 했는데

(5) 요즘 취미 생활에 푹 빠져서

2. 보기 와 같이 문장을 완성하십시오.

> 보기   가: 요즘 페이 씨가 안 보이는데 최근에 페이 씨 본 적 있어요?
> 나: 아니요. 페이 씨가 통 안 보이네요.

(1) 가: 왜 이렇게 밥을 못 드세요?

　　나: 날씨 때문인가

(2) 가: 대학교 수업을 들을 만해요? 어렵지 않아요?

　　나: 교수님이 사투리를 쓰셔서

(3) 가: 어제 집에 잘 들어갔어요? 어제 많이 취하셨던데요.

　　나: 무슨 일이 있었는지

(4) 가: 제가 10번이나 설명을 드렸는데 이제 좀 아시겠어요?

　　나: 죄송합니다.

(5) 가: 나오카 씨가 목이 많이 아픈가 봐요. 수업 시간에 한 마디도 안 하더라고요.

　　나: 아, 그래서

정말 잘했어요!

1. 여러분은 얼마나 알고 있습니까? 표시(✔)하십시오.

☐ 개강하다	☐ 막막하다	☐ 시달리다
☐ 깨닫다	☐ 머리를 맞대다	☐ 실시하다
☐ 꼽히다	☐ 반영하다	☐ 압도적
☐ 나침반	☐ 벼락치기	☐ 앞서다
☐ 낙관적	☐ 보태다	☐ 인맥
☐ 답하다	☐ 봉사활동	☐ 장학금
☐ 대안	☐ 분석되다	☐ 차지하다
☐ 뒤를 잇다	☐ 새내기	☐ 코앞
☐ 마무리하다	☐ 선착순	☐ O·T (신입생 사전 교육)

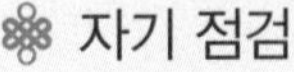 자기 점검

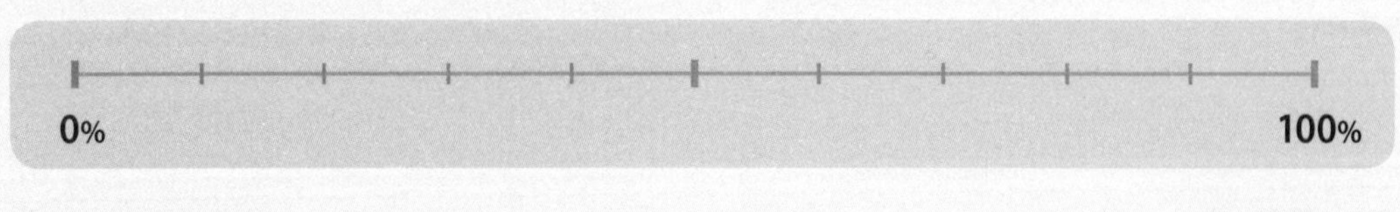

0%   100%

조금 더 공부하세요!   정말 잘했어요!

어휘와 표현

1. 알맞은 것을 골라 문장을 완성하십시오.

제출하다	이수하다	반환하다	선발하다	열악하다

(1) 지난 학기 성적을 기준으로 장학생을 _______________ 예정이다.

(2) 예약 취소 시 일주일 전까지만 예약금을 100% _______________ 준다.

(3) 내일까지가 대학교 입학 원서를 _______________ 날이라 서둘러야 한다.

(4) 전공필수 한 과목을 _______________ 못해서 이번 학기에 졸업을 못하게 되었다.

(5) 교육환경이 _______________ 시골 지역에 정부가 적극적으로 지원을 해야 한다.

2. 알맞은 것을 골라 대화를 완성하십시오.

학비	참고도서	학점관리	기말고사	기말 리포트

줄리앙: 나오카 씨는 (1)_______________이/가 다 끝났나 봐요.

나오카: 시험은 끝났는데 제출할 (2)_______________이/가 하나 남았어요.

　　　　(3)_______________을/를 좀 빌려다 보려고 도서관에 가려던 참이었어요.

　　　　그나저나 줄리앙 씨, 방학 때 뭐 할 거예요?

줄리앙: 저는 계절학기를 들을 예정이에요.

　　　　1학년 때부터 미리 (4)_______________을/를 해 놓아야 나중에 편하죠.

　　　　나오카 씨는 방학계획이 있어요?

나오카: 저는 아르바이트를 해서 (5)_______________을/를 벌려고 해요.

─아/어/여다(가)

1. 보기 와 같이 문장을 완성하십시오.

> 보기 떡볶이를 (사다) **사다가** 집에 가서 먹었다.

(1) 과자를 (만들다) ________________________ 반 친구들과 나누어 먹었다.

(2) 그 책을 사지는 않고 도서관에서 (빌리다) ________________ 봤다.

(3) 냉장고에 케이크가 있으니까 배고프면 (꺼내다) ________________ 드세요.

(4) 식당에서 밥을 먹었는데 남아서 (포장하다) ________________ 집에서 먹었다.

(5) 화장실에 휴지가 없는데 베란다에서 휴지 좀 (가지다) ________________ 주세요.

2. 보기 와 같이 대화를 완성하십시오.

> 보기 가: 마트에 갈 건데 뭐 필요한 거 있어요?
> 나: 마트에 가는 김에 **우유 좀 사다** 줄래요?

(1) 가: 여기에 있던 가위가 어디에 있지?

　　나: 내 방에 있는데 ________________________

(2) 가: 한복이 비싸다던데 한복을 살 거예요?

　　나: 아니요. 이번 행사 때 한 번 입을 거라서 ________________

(3) 가: 참치김치찌개를 끓이려고 하는데 참치가 다 떨어졌네.

　　나: 알겠어요. ________________

(4) 가: 심심한데 영화나 볼까? 극장에 갈래? 아니면 집에서 DVD로 볼래?

　　나: 귀찮은데 ________________

(5) 가: 돈 좀 빌려 줄 수 있어요? 급하게 쓸 데가 생겼는데 현금이 하나도 없어서요.

　　나: 저도 지금 현금이 없는데 은행에 가서 ________________

–(으)ㄴ/는데도 불구하고

1. 보기와 같이 문장을 완성하십시오.

> 보기 날씨가 (춥다) **추운데도 불구하고** 많은 분들이 참석해 주셨습니다.

(1) 아이가 아파서 (열이 나다) ____________________ 신나게 잘 논다.

(2) 소 값이 (내렸다) ____________________ 한우고기 값은 내리지 않았다.

(3) 폭우가 (내리다) ____________________ 행사는 그대로 진행될 예정이다.

(4) 전 재산을 (잃었다) ____________________ 질밍하지 않고 다시 일을 시작했다.

(5) 나라에 큰 사고가 (터졌다) ____________________ 정치인들이 해외여행을 떠났다고 한다.

2. 보기와 같이 대화를 완성하십시오.

> 보기 가: 그 친구가 드디어 결혼한다면서요?
> 나: **네. 가족들이 계속 반대하는데도 불구하고 결혼식을 올리기로 했대요.**

(1) 가: 그 가수가 '올해 최고의 가수'로 상을 받았다죠?

　　나: ____________________

(2) 가: 김밥을 만들어 판 할머니께서 평생 모은 돈을 대학교에 기부하셨대요.

　　나: ____________________

(3) 가: 경제가 어려운 이 때에도 명품을 사려는 사람은 줄지 않는 것 같아요.

　　나: ____________________

(4) 가: 그 할아버지 연세가 90이라면서요? 정말 젊어 보이셔서 상상도 못 했어요.

　　나: ____________________

(5) 가: 이번 결과가 안 좋게 나와서 좀 실망스럽겠지만 노력했으니까 그걸로 충분해요.

　　나: ____________________

─고(야) 말다

1. 보기 와 같이 문장을 완성하십시오.

> 보기   이번에는 꼭 (성공할 것이다) 성공하고 말겠다.
>   단 음식을 안 먹으려고 했는데 아이스크림을 (먹었다) 먹고 말았다.

(1) 이번 시험에는 꼭 (붙을 것이다)

(2) 며칠 밤을 새워 일을 하다가 (병이 났다)

(3) 오늘은 반드시 그에게 내 마음을 (고백할 것이다)

(4) 이 일이 6개월이나 걸렸는데 오늘 드디어 (끝냈다)

(5) 진지한 상황인데 그의 표정이 너무 웃겨서 그만 (웃었다)

2. 보기 와 같이 대화를 완성하십시오.

> 보기   가: 한국에 있는 동안 꼭 해야겠다고 생각하는 게 있어요?
>   나: 저는 졸업 후에 한국 회사에 취직을 하고야 말겠어요.

(1) 가: 이번 시험 잘 봤어요?

　　나:

(2) 가: 새해 계획을 세웠나요?

　　나:

(3) 가: 헬스장에 등록했다면서요?

　　나:

(4) 가: 그 많던 과자를 다 먹었어요?

　　나:

(5) 가: 요즘 영어 잘 배우고 있어요?

　　나:

S 159p

−(으)ㄴ/는 게 다 뭐예요?

1. 보기 와 같이 대화를 완성하십시오.

> 보기   가: 저 분은 건물 청소하시는 분인가요?
> 나: 청소하시는 분이 다 뭐예요? 이 건물 주인이에요.

(1) 가: 저축은 잘 하고 있니?

나: ＿＿＿＿＿＿＿＿＿＿＿＿＿＿＿＿ 생활비 쓰기도 부족해요.

(2) 가: 곧 결혼하신다는 소식을 들었는데 정말 축하드려요.

나: ＿＿＿＿＿＿＿＿＿＿＿＿＿＿＿＿ 그냥 만나는 사람도 없어요.

(3) 가: 살이 많이 빠진 것 같아요.

나: ＿＿＿＿＿＿＿＿＿＿＿ 운동을 그렇게 열심히 했는데도 1kg조차 안 빠졌어요.

(4) 가: 이거 생각보다 별로 안 맵네요.

나: ＿＿＿＿＿＿＿＿＿＿＿＿＿＿＿＿ 너무 매워서 배가 아플 정도인데요.

2. 보기 와 같이 대화를 완성하십시오.

> 보기   가: 일은 끝내셨지요?
> 나: 끝낸 게 다 뭐예요? 아직 반도 못 했어요.

(1) 가: 어제 파티 재미있었어?

나: ＿＿＿＿＿＿＿＿＿＿＿＿＿＿＿＿

(2) 가: 오랜만이다. 취직은 했어?

나: ＿＿＿＿＿＿＿＿＿＿＿＿＿＿＿＿

(3) 가: 이번에 장학금을 받는다면서요?

나: ＿＿＿＿＿＿＿＿＿＿＿＿＿＿＿＿

(4) 가: 이번 방학 때 해외여행 가세요?

나: ＿＿＿＿＿＿＿＿＿＿＿＿＿＿＿＿

정말 잘했어요!

1. 여러분은 얼마나 알고 있습니까? 표시(✓)하십시오.

☐ 가득하다	☐ 반환하다	☐ 원본
☐ 감수하다	☐ 빠짐없이	☐ 이수하다
☐ 걱정이 태산이다	☐ 서류심사	☐ 재외국민
☐ 공간	☐ 선발하다	☐ 정원
☐ 기말고사	☐ 설레다	☐ 제출하다
☐ 눈을 돌리다	☐ 심각하다	☐ 참고도서
☐ 리포트	☐ 여가	☐ 팀발표
☐ 말일	☐ 열악하다	☐ 한정되다
☐ 망치다	☐ 우선권	
☐ 몰리다	☐ 우편접수	

❀ 자기 점검

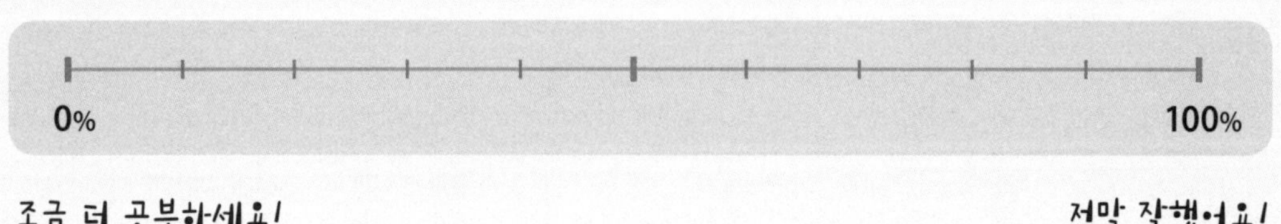

0%   100%

조금 더 공부하세요!   정말 잘했어요!

어휘와 표현

1. 알맞은 것을 골라 문장을 완성하십시오.

> 블로그　　　인터넷 게임　　　SNS　　　다운로드　　　인터넷학습

(1) ＿＿＿＿＿＿＿＿＿＿이/가 도시와 시골의 교육환경의 차이를 좁히고 있다.

(2) 영화 및 음악을 불법으로 ＿＿＿＿＿＿＿＿＿＿ 하면 처벌을 받게 되어 있다.

(3) 소비자의 84%가 상품 구입 전 ＿＿＿＿＿＿＿＿＿＿의 리뷰(review)를 검색하는 것으로
나타났다.

(4) 정보의 공유와 상호교류의 역할을 하는 ＿＿＿＿＿＿＿＿＿＿이/가 인터넷의 이용의 중심이
되어가고 있다.

(5) ＿＿＿＿＿＿＿＿＿＿은/는 다른 사람과 경쟁하고 관계를 맺기 때문에 현실과 혼동할
가능성이 높고, 중독성도 그만큼 더 강하다고 한다.

2. 알맞은 것을 골라 대화를 완성하십시오

> 올리다　　　내려받다　　　삭제하다　　　(댓글을) 달다 / (댓글이) 달리다　　　검색하다

(1) 가: 저장해 놓은 문서가 사라졌는데 어떻게 된 일이죠?

　　나: 미안해요. 내가 실수로 ＿＿＿＿＿＿＿＿＿＿＿＿＿＿.

(2) 가: 이 프로그램을 어떻게 설치해야 하는지 알아요?

　　나: 이 사이트에 들어가서 파일을 ＿＿＿＿＿＿＿＿＿＿＿＿＿.

(3) 가: 이것은 내가 모르는 분야라서 어떻게 해야 할지 모르겠어요.

　　나: 모르는 것이 있으면 인터넷으로 ＿＿＿＿＿＿＿＿＿＿＿＿＿.

(4) 가: 여행가서 찍은 사진 좀 보여 줘.

　　나: 이따가 내 미니홈피에 사진들을 ＿＿＿＿＿＿＿＿＿＿＿니까 그때 봐.

(5) 가: 그 사건을 모르는 사람이 없을 정도라면서요?

　　나: 그럼요. 인터넷 기사 아래에 수백 개의 ＿＿＿＿＿＿＿＿＿＿＿ 더라고요.

3. 알맞은 것을 골라 내용을 완성하십시오.

부작용	컴퓨터	의사소통	부정적
대중매체	인터넷 중독	생활 필수품	

[**스마트폰으로 인한** (1)___________________**인 변화**]

스마트폰 중독이 (2)___________________보다 훨씬 심하다고 한다. 인터넷은 (3)___________________ 앞에 앉아야 할 수 있으나 스마트폰의 경우는 언제 어디서든 만질 수 있기 때문에 더 쉽게 빠질 수 있다. 텔레비전, 라디오, 신문, 책 등 모든 (4)___________________의 기능을 담당하는 스마트폰의 등장은 우리 생활에서 없어서는 안 되는 (5)___________________이/가 되었는데 과도한 스마트폰 사용으로 여러 사회적 (6)___________________이/가 나타나고 있다. 전 세계인과 (7)___________________이/가 활발하게 이루어지게 되었지만 가까이 있는 사람들과 대화가 단절되고, 인간관계의 어려움 또한 생겨났다. 스마트폰 중독이 심해질 경우 강박증, 불안감, 우울감, 대인공포증 등이 심해진다는 연구 결과도 지속적으로 등장하고 있다.

'스마트폰으로 인한 긍정적인 변화'라는 주제로 자기의 생각을 간단히 써 봅시다.

어휘와 표현

1. 알맞은 것을 골라 문장을 완성하십시오.

개봉	상영	관람	흥행	장면

(1) 이 영화는 공포물이므로 어린 아이, 임산부, 노약자는 ___________________을/를 금한다.

(2) 관객들은 영화의 마지막 ___________________에서 주인공의 죽음을 보며 눈물을 흘렸다.

(3) 영화 기획사는 이 영화를 각 극장에서 같은 날 동시에 ___________________ 하기로 했다.

(4) 사람들의 관심을 끌지 못한 영화지만 아직 ___________________ 하고 있는 극장이 몇몇 있다.

(5) 감독은 올해 최고의 인기를 끈 이번 영화의 ___________________ 수익을 전액 기부하기로

밝혔다.

2. 알맞은 것을 골라 문장을 완성하십시오.

연기되다	독이 되다	허다하다	접하다	작용하다

(1) 요즘 스마트폰 게임 중독인 학생들이 ___________________.

(2) 이번 행사가 기상악화로 인해 다음 주로 ___________________.

(3) 그의 변명은 오히려 그에게 불리하고, 나에게는 유리하게 ___________________.

(4) 외국을 다니면 국내에서는 ___________________ 없는 많은 것을 보고 느낄 수 있다.

(5) 스마트폰은 우리의 삶을 편리하게 해 주는 디지털 기기인데 중독 등의 문제로 오히려

___________________ 경우가 많다.

의문사+길래

1. 보기 와 같이 문장을 완성하십시오.

> 보기 가방 안에 있는 게 뭐예요? 왜 이렇게 무거워요?
> → 가방 안에 있는 게 뭐길래 이렇게 무거워요?

(1) 도대체 이게 얼마예요? 왜 말을 못 해요?
　→

(2) 거기가 어디예요? 왜 이렇게 시끄러워요?
　→

(3) 그게 도대체 뭐예요? 왜 내가 오니까 숨겨요?
　→

(4) 그 영화가 도대체 어때요? 왜 사람들이 재미없다고 난리예요?
　→

(5) 오늘 만나는 사람이 누구예요? 왜 하루 종일 거울만 쳐다봐요?
　→

2. 보기 와 같이 대화를 만드십시오. 친구에게 궁금했던 것을 질문하세요.

> 보기 가: 이 음료수가 얼마나 맛있길래 매일 마셔요?
> 나: 특별히 맛있지는 않지만 싸서 매일 마셔요.
> 가: 얼마길래 그래요?
> 나: 500원이에요. 그나저나 ○○ 씨. 오늘 무슨 일이 있길래 싱글벙글 웃어요?
> 가: 수업 후에 친구랑 만나기로 했는데 기분이 좋아서 그래요.
> 나: 누구랑 만나길래 이렇게 기분이 좋은 거예요?

가:

나:

가:

나:

S 172p

—곤 하다

1. 보기 와 같이 문장을 완성하십시오.

> 보기   비가 오면 첫사랑이 (생각난다) 생각나곤 한다.

(1) 어렸을 때는 귀신 꿈을 (꾸었다)

(2) 텔레비전을 보다가 소파에서 (잠이 들다)

(3) 고향에 있었을 때 집 앞에 있는 강에서 (수영을 했다)

(4) 어렸을 때 동생이랑 자주 (싸웠다) ______________ 요즘은 둘도 없는 사이가 됐다.

(5) 2년 전까지만 해도 밤새 (놀았다) ______________ 요즘은 체력이 안 돼서 불가능하다.

2. 보기 와 같이 대화를 완성하십시오.

> 보기   가: 기타를 잘 치시네요. 배우셨어요?
> 나: 배운 건 아니고 시간이 날 때 기타를 치곤 해요.

(1) 가: 여가에 뭐 하세요?

나: 패션에 관심이 많아서

(2) 가: 담배를 완전히 끊으셨어요?

나: 끊었다기보다는 줄였어요.

(3) 가: 친구들을 만나면 뭐 하면서 놀아요?

나: 때마다 다르지만

(4) 가: 성격이 많이 변하신 것 같아요.

나: 그렇지요? 예전에는

(5) 가: 지난 학기에는 자주 지각하더니 이번 학기에는 전혀 안 하네요.

나: 지난 학기에는 늦게까지 아르바이트를 해서

사자성어

막상막하	일취월장	우후죽순	고진감래
일거양득	동문서답	십중팔구	심사숙고

1. [보기]와 같이 대화를 완성하십시오.

> [보기] 가: TV를 시청하면 재미있게 시간을 보낼 수도 있고 한국어도 배울 수 있어서 좋아요.
> 나: 우리 외국인들에게 TV 시청은 **일거양득이지요**.

(1) 가: 제 한국어 발음 어때요? 많이 좋아지지 않았나요?

　　나: 발음 때문에 고민하더니 발음이 눈에 띄게 좋아졌네요. ＿＿＿＿＿

(2) 가: 이번 학기가 끝나면 고향에 돌아가는데 취직을 할지 다시 한국에 올지 고민이에요.

　　나: 참 고민이 되겠어요. ＿＿＿＿＿ 잘 결정하세요.

(3) 가: 요즘 빙수 가게가 학교 앞에 5군데나 생겼어요. 여름이라 장사가 잘 되나 봐요.

　　나: 빙수 가게가 ＿＿＿＿＿ 생겨나는데 여름이 지나도 장사가 될지 모르겠어요.

(4) 가: 모르는 번호인데 누구지? 전화 받을까? 말까?

　　나: 모르는 번호는 ＿＿＿＿＿ 광고나 스팸 전화니까 받지 마.

(5) 가: 4년째 사법고시 준비만 하고 있는데 포기하고 싶어. 언제 합격할지도 모르겠고……

　　나: ＿＿＿＿＿ 라는 말도 있잖아. 좀 더 참고 해 봐.

(6) 가: 어제 야구 경기 봤어? 내가 응원하는 팀이 9:8로 이겨서 얼마나 좋았는지 몰라.

　　나: 나도 봤는데 진 팀도 잘하더라. 두 팀의 실력이 ＿＿＿＿＿ 더 재밌었어.

(7) 가: 너 무슨 생각을 하길래 자꾸 내 말에 ＿＿＿＿＿

　　나: 아, 미안. 어제 있었던 일이 자꾸 생각나서 네 얘기에 집중을 못 했어. 뭐라고 했지?

너 나 할 것 없이

1. 보기 와 같이 문장을 완성하십시오.

> 보기 인기 배우가 나오다 / 그 영화를 보다
> → 인기 배우가 나온다고 하면 너 나 할 것 없이 그 영화를 본다.

(1) 명절이 되다 / 고향에 가다

→

(2) 크리스마스가 되다 / 약속을 잡다

→

(3) 새해가 되다 / 새해 계획을 세우다

→

(4) 올림픽이 열리다 / 자기 나라 선수들을 응원하다

→

2. 보기 와 같이 대화를 완성하십시오.

> 보기 가: 스마트 폰을 안 가지고 있는 사람이 없는 것 같아요.
> 나: 그렇지요. 게다가 최신형이 나오면 너 나 할 것 없이 그걸 산다고 난리잖아요.

(1) 가: 요즘 대학생들은 취직준비로 바쁜 것 같아요.

나:

(2) 가: 상의는 길고 하의는 짧은 스타일이 요즘 유행이라면서요?

나:

(3) 가: 서울에 차가 너무 많은 것 같아요. 길이 너무 막혀서 힘드네요.

나:

(4) 가: 이게 새로 나온 건강 보조 식품인데 노인 건강에 아주 좋다고 소문이 났대요.

나:

1. 여러분은 얼마나 알고 있습니까? 표시(✓)하십시오.

☐ 개념	☐ 상영	☐ 제약
☐ 개봉	☐ 선두	☐ 제작하다
☐ 관람	☐ 선정적	☐ 주관
☐ 관람불가	☐ 소통	☐ 지상파
☐ 달래다	☐ 송출하다	☐ 참신하다
☐ 대인공포증	☐ 연기되다	☐ 충실하다
☐ 독이 되다	☐ 염두에 두다	☐ 통로
☐ 등급	☐ 인기를 끌다	☐ 폭력적
☐ 몰고 가다	☐ 자극하다	☐ 허다하다
☐ 보급	☐ 작용하다	☐ 흥행
☐ 보편화	☐ 전유물	
☐ 상류층	☐ 접하다	

❀ 자기 점검

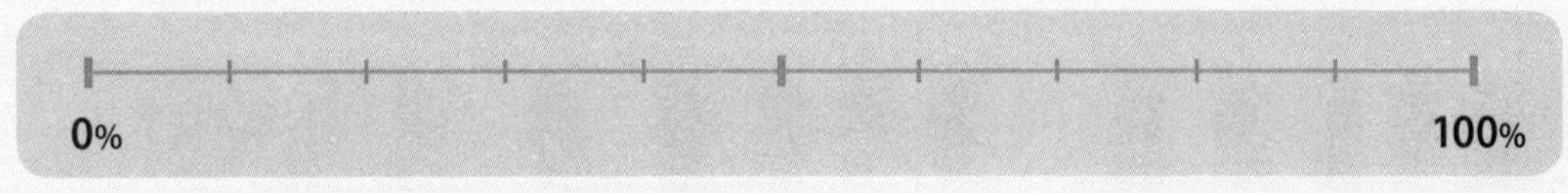

0%   100%

조금 더 공부하세요!   정말 잘했어요!

어휘와 표현

1. 알맞은 것을 골라 문장을 완성하십시오.

> 헛소문　　　논란　　　사은품　　　오류　　　호평

(1) 영화는 뛰어난 작품성으로 _________________을/를 받고 있다.

(2) 이 자료에 사실과는 다른 _________________이/가 많이 발견되어 수정을 하고 있다.

(3) 신인 가수 A양에 대한 _________________을/를 퍼뜨린 사람을 엄하게 벌하기로 했다.

(4) 요즘 _________________이/가 되고 있는 사회문제에 대해 관계자들이 드디어 입을 열었다.

(5) 백화점은 15일 100만 원 이상 구매한 고객을 대상으로 고가의 _________________을/를 주겠다고 밝혔다.

2. 알맞은 것을 골라 대화를 완성하십시오.

> 과하다　　　마련하다　　　중단하다　　　순진하다　　　민망하다

(1) 가: 뭘 이런 걸 다 준비하셨어요?

　　나: 별 거 아니지만 연말이라 감사의 마음을 담아 _________________.

(2) 가: 장기자랑 대회에서 남자들이 여자 옷을 입고 춤을 췄다면서요?

　　나: 네. 웃기긴 했는데 보기에 너무 _________________.

(3) 가: 리사 씨랑 헤어졌어요. 제가 너무 멋있어서 사귀기 부담스럽대요.

　　나: 그 말을 그대로 믿다니 정말 _________________.

(4) 가: 나 아직 안 취했어. 3차는 어디로 갈까?

　　나: 과장님. 술이 너무 _________________. 오늘은 이만 여기에서 끝내시지요.

(5) 가: 이거 원래 공짜 아니에요? 5000원을 내라니요?

　　나: 오늘부터 무료 서비스를 _________________ 이용하시려면 요금을 내셔야 합니다.

–(이)나마

1. 보기 와 같이 문장을 완성하십시오.

> 보기 장시간 의자에 앉아 있었는데 (잠시) **잠시나마** 쉬어야겠다.

(1) (작은 힘) ________________ 도움이 되었으면 좋겠다.

(2) 시간이 별로 없어서 (짧다) ________________ 여행을 다녀오려 한다.

(3) 힘드시더라도 (조금) ________________ 도와주시면 은혜를 잊지 않겠습니다.

(4) 직접 찾아뵙고 인사를 드려야 하는데 (이런 식으로) ________________ 인사를 드립니다.

(5) 인터넷 시설이 열악해서 (어렵다) ________________ 이곳 소식을 전했다.

(6) 젊은 시절 가정 형편이 어려워 학업을 포기했는데 (뒤늦다) ________________ 공부를 시작했다.

(7) 제 생각이 맞는지 정확히 모르겠지만 (부족하다) ________________ 제가 설명을 해 드리겠습니다.

–(으)ㄴ/는 듯싶다

1. 보기 와 같이 문장을 완성하십시오.

> 보기　상우 씨가 두통약을 먹는 걸 보니 머리가 많이 (아프다) 아픈 듯싶다.

(1) 노래라면 마리오 씨가 (최고이다)

(2) 아무리 생각해도 이건 좀 (아니다)

(3) 하늘이 흐린 걸 보니 곧 비가 (내리다)

(4) 이 옷이 예쁘긴 한데 나한테는 (안 어울리다)

(5) 쑤안 씨 눈이 빨갛고 퉁퉁 부은 걸 보니 (울었다)

2. 보기 와 같이 대화를 완성하십시오.

> 보기　가: 왜 이렇게 차가 밀리지? 여기는 길이 막히는 곳이 아닌데······.
> 　　　나: 앞쪽에서 사고가 난 듯싶어요.

(1) 가: 휴대폰을 어디에서 잃어버렸어요?

　　나:

(2) 가: 이 일을 리사 씨한테 맡겨도 될까요?

　　나:

(3) 가: 인터넷이 신문의 역할을 대신하고 있는 것 같지요?

　　나:

(4) 가: 열악한 근무환경이 개선되지 않아서 직원들의 불만이 커지고 있어요.

　　나:

(5) 가: 뭘 그렇게 서둘러요? 천천히 합시다. 아직 마감시간까지는 많이 남았잖아요.

　　나:

–만 못하다

1. **보기**와 같이 문장을 완성하십시오.

> **보기** 호텔이 좋긴 좋지만 (자기 집) 자기 집만 못해요.

(1) 넌 형인데 왜 (동생)

(2) 먼 친척이 (가까운 이웃)

(3) 나오카 씨가 아무리 예뻐도 (나)

(4) 일을 대충하는 것은 (안 하는 것)

(5) 한국인들은 정이 많다고 하지만 (옛날)

2. **보기**와 같이 대화를 완성하십시오.

> **보기** 가: 한국 생활을 참 즐겁게 보내시는 것 같아요.
> 나: 네. 친구들도 많이 사귀고 새로운 곳도 다니고 재미있지만 고향 생활만 못하지요.

(1) 가: 휴대폰 새로 사셨네요. 좋아 보여요.
　　나:

(2) 가: 액션영화를 하나 다운받아 놓았는데 집에서 같이 볼래요?
　　나:

(3) 가: 요리를 참 잘하시네요. 이렇게 맛있는 중국음식은 처음이에요.
　　나:

(4) 가: 저는 피아노에 타고난 재능은 없지만 꾸준히 노력하는 편이에요.
　　나:

(5) 가: 떡볶이를 직접 만들어 먹는 것도 좋은데 귀찮으니까 그냥 사다 먹을래요?
　　나:

S 181p

─(으)로 인하다

1. 보기와 같이 문장을 완성하십시오.

> 보기 독감으로 인한 사망률이 매년 증가하고 있다.
> 독감으로 인해서 사망하는 사람이 매년 증가하고 있다.

(1) (스트레스) _______________ 위염, 두통이 생겼다.

(2) (태풍) _______________ 많은 실종자와 사망자가 발생했다.

(3) 사람들의 무분별한 (개발) _______________ 자연이 파괴되고 있다.

(4) 가을에 사람들의 (부주의) _______________ 화재가 많이 발생한다.

(5) (가뭄) _______________ 농작물 피해를 예방하기 위해 대책을 세워야 한다.

2. 보기와 같이 대화를 완성하십시오.

> 보기 가: 공사 중인가요? 왜 길을 막아 두었지요?
> 나: 폭설로 인해서 도로가 통제되었대요.

(1) 가: 담배도 안 피우는데 폐암이라니요?

　　나: _______________

(2) 가: 빙판길에서 10중 추돌사고가 났다는 뉴스 봤어요?

　　나: _______________

(3) 가: 회사에 큰 위기가 닥쳤다면서요? 무엇 때문인가요?

　　나: _______________

(4) 가: 인터넷은 많은 정보를 얻을 수 있어서 편리하지만 잘못된 정보도 많은 것 같아요.

　　나: _______________

(5) 가: 요즘 머리카락이 왜 이렇게 많이 빠지는지 모르겠어요. 탈모가 더 심해지고 있어요.

　　나: _______________

정말 잘했어요!

1. 여러분은 얼마나 알고 있습니까? 표시(✔)하십시오.

- ☐ 강화시키다
- ☐ 과감하다
- ☐ 과하다
- ☐ 굵다
- ☐ 기존
- ☐ 논란
- ☐ 당사자
- ☐ 대체하다
- ☐ 마련하다
- ☐ 무턱대고
- ☐ 민망하다

- ☐ 법적 규제
- ☐ 보도하다
- ☐ 사은품
- ☐ 상상에 맡기다
- ☐ 속다
- ☐ 순진하다
- ☐ 시대상
- ☐ 신중하다
- ☐ 아니 땐 굴뚝에 연기 날까
- ☐ 악성댓글
- ☐ 언론

- ☐ 오류
- ☐ 요소
- ☐ 중단하다
- ☐ 지적
- ☐ 충동구매
- ☐ 치열하다
- ☐ 퍼뜨리다
- ☐ 헛소문
- ☐ 호평

❀ 자기 점검

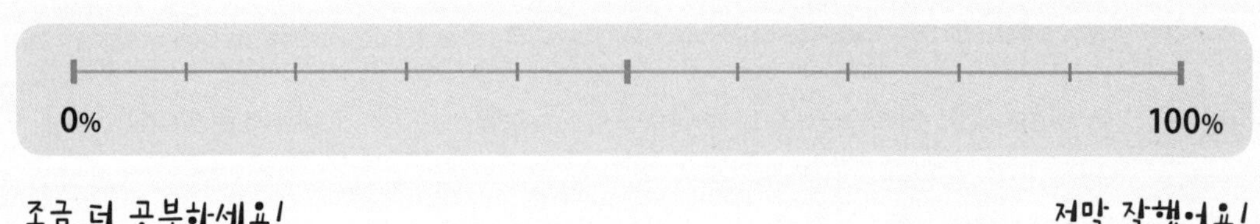

0%   100%

조금 더 공부하세요!   정말 잘했어요!

어휘와 표현

1. 알맞은 것을 골라 문장을 완성하십시오.

| 인턴십 | 구직자 | 채용공고 | 연봉 | 업무 |

(1) 신입 및 경력 사원 ___________________이/가 홈페이지에 게시되었다.

(2) 급한 볼일이 있어 은행에 갔는데 ___________________ 시간이 끝나 일을 볼 수 없었다.

(3) ___________________의 실질적인 능력을 중점적으로 평가하겠다는 기업이 증가하고 있다.

(4) ___________________은/는 자신의 전공과 적성에 맞는 일자리를 경험할 수 있는 기회를 제공한다.

(5) 일을 통해 돈을 버는 것도 중요하지만 취업할 때 ___________________만 생각하고 결정해서는 안 된다.

2. 알맞은 것을 골라 대화를 완성하십시오

| 퇴직하다 | 이직하다 | 담당하다 | 승진하다 | 스펙을 쌓다 |

(1) 가: 김 대리가 다른 회사로 ___________________.

　　나: 네. 좀 더 나은 조건으로 가시는 거래요.

(2) 가: 축하드려요. 과장님. ___________________ 한턱 내셔야죠.

　　나: 그렇지 않아도 이번 금요일에 회식하려고 했어요.

(3) 가: 이 사업 계획은 실패할 확률이 높아요. 다시 만들어서 보고하세요.

　　나: 죄송합니다만 이건 다른 부서가 ___________________.

(4) 가: 다음 학기에 휴학을 할 거라면서요? 휴학하고 뭐 할 계획이에요?

　　나: 자격증도 따고 외국어 공부도 하려고요. ___________________ 놓아야 취직할 때 덜 힘들죠.

(5) 가: 부모님은 건강하시죠? 요즘 어떻게 지내고 계세요?

　　나: 두 분 다 건강하세요. 아버지는 작년에 직장에서 ___________________ 다른 사업을 계획하고 계세요.

3. 알맞은 것을 골라 문장을 완성하십시오.

답변   조건   대기   예절   옷차림   기본 정보

순위	잘못된 면접 (1)__________________
1	면접시간에 늦는다.
2	연봉 등 (2)__________________에만 더 관심이 많다.
3	(3)__________________이/가 단정하지 않다.
4	심각하고 어두운 표정으로 면접을 본다.
5	(4)__________________보다 질문이 더 많다.
6	회사에 대한 (5)__________________이/가 부족하다.
7	면접 중 휴대폰 벨이 울린다.
8	면접 (6)__________________ 중 졸고 있다.

여러분이 면접관이라면 어떤 면접자에게 점수를 안 줄 것 같습니까?

- ____
- ____
- ____
- ____

졸업을 축하해요

26과

어휘와 표현

1. 알맞은 것을 골라 문장을 완성하십시오.

| 미루다 | 치르다 | 특이하다 | 챙겨주다 | 틀에 박히다 |

(1) 할머니의 장례식을 _______________ 나서야 깊은 슬픔이 몰려왔다.

(2) 급하지 않은 일은 나중으로 _______________ 우선 급한 것부터 해결하자.

(3) 그는 주위 사람들을 잘 _______________ 자상한 사람이라는 소문이 났다.

(4) 교과서에 나올 것 같은 _______________ 대답을 하면 면접에서 점수가 깎인다.

(5) 그가 만든 요리는 우리나라 음식에서는 맛볼 수 없는 좀 _______________ 맛이 난다.

2. 알맞은 것을 골라 대화를 완성하십시오.

| 스펙 | 인성 | 기존 | 기업 | 지원자 |

지영: 요즘 (1)_______________들이 왜 새로운 방식으로 면접을 보려는 걸까?

(2)_______________에 하던 대로 하면 좋으련만……

상우: 학력이라든지 자격증이라든지 뭐 이런 (3)_______________만으로 사람을 뽑지

않겠다는 의도 같아.

지영: 하긴 (4)_______________들의 실력이 모두 비슷해 보여서 뽑기가 어려웠겠지?

상우: 응, 그런데 이건 (5)_______________이나 리더십, 협동심을 평가하는 새로운 면접

방식인 것 같아.

–(이)나 다름없다

1. 보기 와 같이 문장을 완성하십시오.

> 보기   우리 옆집 할머니는 나에게 (친할머니) **친할머니나 다름없다**.

(1) 돈이 없어도 행복하다면 (부자)

(2) 이 그릇은 몇 번 쓰지 않아서 (새 것)   깨끗하다.

(3) 그 사람에게 돈을 쓰는 것은 (돈을 버리다)

(4) 길을 걷다가 우연히 그를 봤는데 그는 (10년 전)   멋졌다.

(5) 우리 팀이 졌지만 정정당당하게 경기를 했으니까 (이기다)

2. 보기 와 같이 대화를 완성하십시오.

> 보기   가: 아직 실망하기는 이르니까 좀 지켜보세요.
> 나: 아니에요. 후반전인데 1:8이면 **우리 팀이 진 거나 다름없어요**.

(1) 가: TV를 너무 보는 거 아니야?

     나: 한국어 공부에 얼마나 도움이 되는데 그래?

(2) 가: 12월인데 날씨가 이렇게 따뜻하다니 이상하네요.

     나: 그러게 말이에요.

(3) 가: 또 스마트폰을 들여다보고 있어요? 나가서 친구들도 만나고 놀기도 하세요.

     나: 저한테는 스마트폰이

(4) 가: 우리 집에 온 걸 환영해요. 커피, 홍차, 과일차, 주스 다 있는데 뭘로 하실래요?

     나: 그런 게 모두 있어요? 인테리어도 그렇고 완전히

(5) 가: 여행가실 때마다 고양이 세 마리도 데리고 가신다고 들었는데 그게 사실인가요?

     나: 물론이지요.

ⓢ 194p

−만에

1. 보기 와 같이 문장을 완성하십시오.

> 보기 나는 리사 씨한테 첫눈에 반했다. 3일 후에 좋아한다고 고백하고 사귀기 시작했다.
> → 나는 리사 씨를 처음 만난 지 3일 만에 내 마음을 고백했다.

나는 리사 씨한테 첫눈에 반했다.
3일 후에 좋아한다고 고백하고 사귀기 시작했다.

리사 씨와 나는 학생이라서 그 후 5년 동안 결혼을 못했다.
5년이 지나서 리사 씨에게 결혼하자고 프러포즈를 했다.
드디어 결혼을 했는데 결혼하고 일주일 후에 심하게 싸웠다.
정말 심각한 상황이었지만 다행히 그 다음날 화해를 했다.
시간이 지나고 결혼한 지 3년이 지나 아기가 생겼다.
첫째가 태어나고 2년 후 둘째가 생겼다.
좋은 남편, 좋은 아빠가 되어야겠다고 결심했다.

(1) 리사 씨와 사귄 지 _______________ 프러포즈를 했다.

(2) 그녀와 결혼하고 _______________ 심하게 싸웠다.

(3) 그렇지만 _______________ 화해를 했다.

(4) 결혼 _______________ 아기가 생겼다.

(5) 첫째가 태어난 지 _______________ 둘째가 생겼다.

2. 보기 와 같이 대화를 완성하십시오.

> 보기 가: 일을 그만두셨다고요? 취직한 지 얼마 안 된 것 같은데요.
> 나: 네. 회사에 들어간 지 3개월 만에 그만뒀어요.

(1) 가: 지영 씨 아니에요? 아니, 이게
나: 잘 지냈어요? 정말 오랜만이에요.

(2) 가: 부산까지 가려면 오래 걸릴 것 같아요. 기차를 타고 가시죠?
나: KTX로 가면

(3) 가: 벌써 숙제를 다 했어? 난 아직 시작도 안 했는데 언제 다 하지?
나: 시간 별로 안 걸려.

(4) 가: 어제 동창회 어땠어요?
나:

(5) 가: 비가 계속 안 오더니 오늘 드디어 오네.
나:

(6) 가: 운동을 시작했다더니 벌써 포기한 거예요?
나:

(7) 가: 쉬는 시간이 10분밖에 안 되는데 라면을 먹자고요?
나:

(8) 가: 이번 방학 때 고향에 간다고 들었는데 좋으시겠어요.
나:

S 195p

−(으)면 좋으련만

1. 보기 와 같이 그림을 보고 자신의 생각을 쓰십시오.

보기

빨리 따뜻한 봄이 오면 좋으련만. 날씨가 너무 추워서 출근하기 너무 싫다. 우리 회사가 집 앞에 있으면 좋으련만. 버스 타고 1시간 가야 하니까 출근이 끔찍하다. 나도 다른 사람들처럼 자가용이 있으면 좋으련만. 내 형편에 차를 살 수도 없으니 이 겨울을 보내기가 너무 힘들다. 빨리 봄이 오면 좋으련만….

[나]

(1)

[나]

(2)

[나]

(3)

[나]

단어 정리

1. 여러분은 얼마나 알고 있습니까? 표시(✓)하십시오.

☐ 가운	☐ 얻어먹다	☐ 챙겨주다
☐ 노하우	☐ 업무	☐ 추구하다
☐ 덕택	☐ 욕구	☐ 취업하다
☐ 떠오르다	☐ 유망하다	☐ 특이하다
☐ 리더십	☐ 의도	☐ 틀에 박히다
☐ 모유수유	☐ 인성	☐ 팀워크
☐ 미루다	☐ 장의사	☐ 팁
☐ 사료	☐ 적성	☐ 평판
☐ 성분	☐ 조기 졸업	☐ 협동심
☐ 수납	☐ 주목을 받다	

❋ 자기 점검

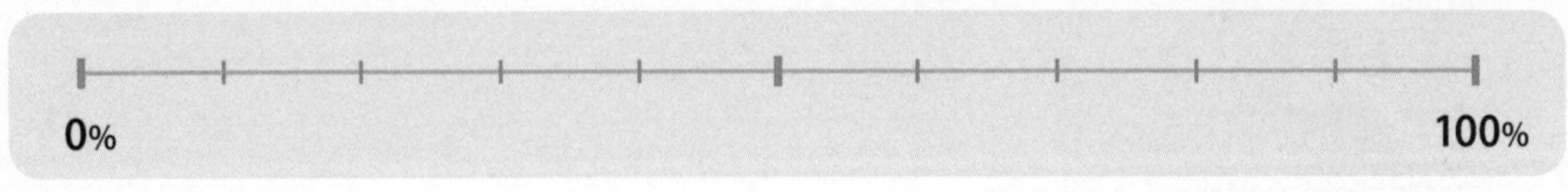

0%　　　　　　　　　　　　　　　　　　　　　100%

조금 더 공부하세요!　　　　　　　　　정말 잘했어요!

어휘와 표현

1. 알맞은 것을 골라 문장을 완성하십시오.

결근	동기	책임감	경쟁력	착각

(1) 한국 가요에 관심을 가진 것이 한국어를 배우게 된 ＿＿＿＿＿＿＿＿이/가 되었다.

(2) 품질에 특별한 차이가 없는데 가격이 2배나 비싼 이 제품은 ＿＿＿＿＿＿＿＿이/가 없다.

(3) 지각조차 해 본 적이 없는 부장님이 오늘은 무슨 일인지 ＿＿＿＿＿＿＿을/를 한다고 알렸다.

(4) ＿＿＿＿＿＿＿＿이/가 없는 사람과 함께 일을 진행하느니 차라리 힘들더라도 혼자 하는 게 낫다.

(5) 그녀는 자신이 아주 예쁘며 모든 남자들이 자신을 좋아한다는 ＿＿＿＿＿＿＿을/를 하고 산다.

2. 알맞은 것을 골라 문장을 완성하십시오.

익히다	헛되다	매달리다	원만하다	불안정하다

(1) 그는 성격이 ＿＿＿＿＿＿＿ 모든 사람과 잘 어울리는 편이다.

(2) 우리 팀의 노력이 ＿＿＿＿＿＿＿ 않도록 마지막 경기까지 최선을 다했다.

(3) A국은 테러가 발생하고 나라의 상태가 ＿＿＿＿＿＿＿ 여행 금지국이 되었다.

(4) 학교에 가서 배울 여유가 없어서 인터넷 동영상을 보며 기술을 ＿＿＿＿＿＿＿.

(5) 자신이 이룰 수 없는 일에 ＿＿＿＿＿＿＿ 말고 다른 일을 찾는 것도 좋은 방법이다.

−고자 하다

1. 보기 와 같이 문장을 완성하십시오.

> 보기 지금부터 '교복 폐지'에 대한 주제로 (토론하다) 토론하고자 합니다.

(1) 친목도모를 위한 모임을 (개최하다)

(2) 이 일에 저의 작은 도움이나마 (보태다)

(3) 지금 우리는 성공적인 유학생활에 대해 (토의하다)

(4) 저는 오늘 '고령화 사회의 원인과 해결책'에 대해 (발표하다)

(5) 자신의 적성과 상관없이 (돈만 벌다)   일을 하면 쉽게 지치게 된다.

2. 보기 와 같이 대화를 완성하십시오.

> 보기 가: 이 회사에 지원하게 된 이유가 무엇입니까?
> 나: 제 꿈을 펼치고자 지원하게 됐습니다.

(1) 가: 왜 한국으로 유학을 오게 됐습니까?

　　나:

(2) 가: 앞으로의 계획에 대해 한 말씀 부탁드립니다.

　　나:

(3) 가: 유학생 대표로 뽑히셨는데 각오를 말씀해 주십시오.

　　나:

(4) 가: 기자(가수/의사/교사…)가 되고 싶으신 이유는 무엇입니까?

　　나:

(5) 가: 회장님께서는 벌어 놓으신 돈으로 무엇을 하실 계획입니까?

　　나:

-고도 남다

1. 보기 와 같이 문장을 완성하십시오.

> 보기 　그 정도의 돈이면 내가 한 달 동안 (쓰다) **쓰고도 남는다**.

(1) 집이 넓어서 5명이 (살다)

(2) 스펙이 좋으니까 대기업에 (취직하다)

(3) 내 키가 조금만 더 컸더라면 (모델이 되다)

(4) 그 사람의 성격을 보면 그런 짓을 (하다)

(5) 정성스럽게 만든 선물이니까 친구가 (감동하다)

2. 보기 와 같이 대화를 완성하십시오.

> 보기 　가: 음식이 부족하지 않을까? 뭔가 더 준비할까?
> 　　　 나: 넌 너무 손이 커. 이 정도면 먹고도 남지.

(1) 가: 이번 휴가가 열흘인데 제주도에 갔다 와도 되겠지?

　　 나: 휴가가 열흘이나 돼? 열흘이면

(2) 가: 토픽 4급에 합격해야 하는데 붙을 수 있을지 모르겠어요.

　　 나: 무슨 걱정이에요?

(3) 가: 마리오 씨가 8시에 출발한다고 했는데 왜 아직 안 올까요?

　　 나: 8시에 출발했으면

(4) 가: 새로 개봉하는 그 영화에 인기배우 10명이 출연한대요. 대단하지요?

　　 나: 인기배우 10명이 출연한다니

(5) 가: 여자친구한테 왜 이렇게 요즘 살이 쪘냐고 했더니 이제 만나지 말자고 하더라고요.

　　 나: 그런 심한 말을 했으니

―듯이

1. 보기 와 같이 문장을 완성하십시오.

> 보기   긴장하지 말고 평소에 (말하다) **말하듯이** 편하게 하세요.

(1) 나라마다 언어가 (다르다)   문화도 다르다.

(2) 지영 씨는 선생님이 (말하다)   친절하게 말한다.

(3) 마리오 씨는 가수가 (노래를 부르다)   노래를 잘한다.

(4) 줄리앙 씨는 모델이 (옷을 입다)   옷을 멋지게 입는다.

(5) 상우 씨는 그 티셔츠를 (교복을 입다)   매일 입고 다닌다.

2. 알맞은 것을 골라 보기 와 같이 대화를 완성하십시오.

> 보기   가: 페이 씨가 여자친구랑 싸웠나 봐요.
>   나: 이번에도 금방 헤어질 거예요. **불 보듯이** 뻔하지요.

| 불 보다 | 밥 먹다 | 물 쓰다 | 비 오다 | 제집 드나들다 | 게눈 감추다 |

(1) 가: 엄마, 상우네 놀러 갔다가 올게요.

     나: 또 상우네 가니?   다니는구나.

(2) 가: 앗! 그 많은 빵을 벌써 다 먹었어요?

     나: 너무 맛있어서   먹어치웠네요.

(3) 가: 운동하고 왔더니 덥네요. 뭐 시원한 거 한 잔 줄래요?

     나: 운동을 얼마나 했길래 땀이   흘러요?

(4) 가: 무슨 일이 있어요? 기분 안 좋은 것 같은데요.

     나: 여자 친구가 헤어지자는 말을   해서 화가 나요.

(5) 가: 가자. 오늘도 이 형님이 한턱낼게.

     나: 너 복권 당첨이라도 됐니? 요즘 들어 돈을   쓰네.

정말 잘했어요!

1. 여러분은 얼마나 알고 있습니까? 표시(✓)하십시오.

☐ 결근	☐ 분야	☐ 조퇴
☐ 경쟁력	☐ 불안정하다	☐ 착각
☐ 경쟁자	☐ 비법	☐ 책임감
☐ 공동생활	☐ 비율	☐ 처리하다
☐ 눈초리	☐ 싸늘하다	☐ 퇴사
☐ 동기	☐ 연봉	☐ 틈틈이
☐ 뚫다	☐ 연장	☐ 파악하다
☐ 매달리다	☐ 원만하다	☐ 필수
☐ 무역회사	☐ 이직	☐ 학위
☐ 바늘구멍	☐ 익히다	☐ 헛되다
☐ 봉사	☐ 인턴십	

❊ 자기 점검

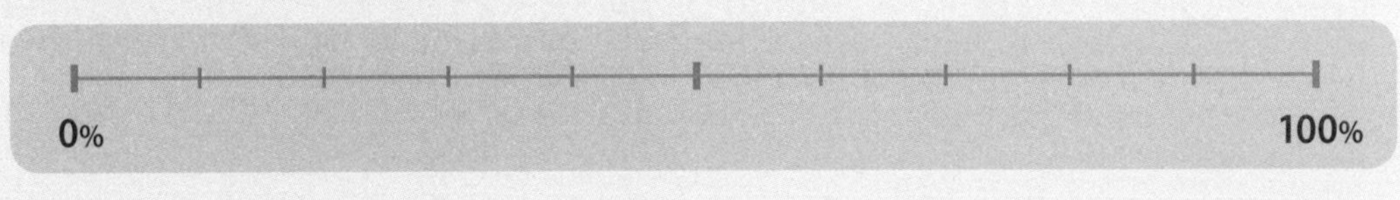

조금 더 공부하세요!

정말 잘했어요!

모범 답안

어휘와 표현

1. (1) 부자 　　　　　(2) 화목한
　　(3) 쾌유 　　　　　(4) 명복
　　(5) 무럭무럭
2. (1) 인사를 드리세요. 　　(2) 무릎을 꿇고
　　(3) 권하시는 　　　　(4) 수저를 드실
3. (1) 차린 게 없다니요. 상다리가 부러지겠어요.
　　(2) 바쁘신데 시간 내 주셔서 감사합니다. 다음에 또 놀러
　　　오세요.
　　(3) 뭘 이런 걸 다……. 다음부터는 그냥 오세요.
　　(4) 죄송해요. 그날 선약이 있어서 좀 어렵겠네요.

어휘와 표현

1. (1) 성숙 　　　　　(2) 홍보
　　(3) 약도 　　　　　(4) 존재
　　(5) 무병장수
2. (1) 아쉬운 　　　　(2) 기대가 된다.
　　(3) 나이를 먹

-기는커녕 I

1. (1) 다 하기는커녕 　　(2) 김치를 담그기는커녕
　　(3) 화장은커녕 　　　(4) 반성하기는커녕
2. (1) 다 하기는커녕 시작도 못 했어요.
　　(2) 예습은커녕 복습도 안 했어요.
　　(3) 소주는커녕 맥주도 못 마셔요.
　　(4) 유창하기는커녕 영어로 자기소개도 못 하던데요.

-기는커녕 II

1. (1) 맛있기는커녕 　　(2) 살이 빠지기는커녕
　　(3) 풀리기는커녕 　　(4) 보내기는커녕
2. (1) 좁기는커녕 너무 넓어서 축구를 해도 되겠어요.
　　(2) 춥기는커녕 가을 날씨 같아서 겨울이 온 것 같지도 않

아요.
　　(3) 힘들기는커녕 너무 재미있어서 매일 기대가 돼요.
　　(4) 비싸기는커녕 학생식당 가격과 별 차이가 없던데요.

-느니 차라리

1. (1) 기다리느니 차라리 　　(2) 고민하느니 차라리
　　(3) 일하느니 차라리 　　(4) 사느니 차라리
　　(5) 부탁하느니 차라리
2. (1) 월급이 적은 회사에서 일하느니 차라리 힘들더라도
　　　월급을 많이 주는 회사에 다니는 게 낫지. / 젊었을 때
　　　돈을 벌어 놓아야 나중에 나이 들어서 편한 거야. 나이
　　　들어서 힘든 일을 하느니 차라리 젊었을 때 힘든 일을
　　　하는 게 낫지 않겠니?
　　(2) 저라면 모조품 가방 10개를 사느니 명품 가방 1개를
　　　사겠어요. / 같은 돈으로 명품 가방은 하나밖에 못 사
　　　지만 하나라도 좋은 걸 가지고 다니는 게 낫지요.
　　(3) 그래도 담배를 많이 피우는 사람보다 낫지 않아요? 담
　　　배를 많이 피우는 남자랑 사귀느니 술을 많이 마시는
　　　남자랑 사귀는 게 더 나아요. / 담배는 옆에 있는 사람
　　　의 건강까지 해치잖아요.
　　(4) 아니. 비싼 식당에 가서 제일 싼 음식을 먹자. / 비싼
　　　식당에서 제일 싼 음식을 먹느니 차라리 싼 식당에서
　　　제일 비싼 음식을 먹는 게 낫지 않겠어? / 비싼 식당에
　　　가면 분위기도 좋고 서비스도 좋으니까 싼 식당에 가
　　　느니 비싼 식당에 가자.

-은/는 셈이다

1. (1) 결석인 셈이래요. 　　(2) 무료인 셈이에요.
　　(3) 읽은 셈이에요. 　　　(4) 본 셈이에요.
　　(5) 비싼 셈이지요.
2. (1) 모든 것을 잃는 셈이다.
　　(2) 운동을 하는 셈이다.
　　(3) 돈을 돌려받은 셈이다.
　　(4) 공부를 열심히 해서 장학금을 받으면
　　(5) 정말 필요할 때마다 애인이 내 옆에 없으면
　　(6) 사랑하는 사람과 결혼했으니까

-는 김에

1. (1) 만드는 김에 　　　(2) 간 김에
　　(3) 생각난 김에 　　　(4) 모인 김에

(5) 취한 김에

2. (1) 네 방 청소하는 김에 내 방도 부탁해.
   (2) 아니요. 한국어를 배우러 온 김에 태권도도 배우는 거예요.
   (3) 그럼 일하러 가는 김에 여행도 하고 오세요.
   (4) 네. 술을 마신 김에 고백해 버렸어요.
   (5) 그래요? 이야기가 나온 김에 비행기 표를 예매해야겠어요.

3과 이왕 한국 결혼식을 볼 거면 제대로 봐야죠

어휘와 표현

1. (1) 개성　　　　　(2) 친척
   (3) 협상　　　　　(4) 진심
   (5) 계기
2. (1) 비행기 태우지 마세요.　(2) 국수 먹여 줄 거야?

-(으)ㄹ 테니까 I

1. (1) 맑을 테니까　　　(2) 해결될 테니까
   (3) 막힐 테니까　　　(4) 추워질 테니까
   (5) 일했을 테니까
2. (1) 교실에 계실 테니까
   (2) 딸기는 비쌀 테니까
   (3) 금방 회의가 시작될 테니까
   (4) 쓰기시험은 어려울 테니까
   (5) 곧 연락이 올 테니까

-(으)ㄹ 테니까 II

1. (1) 갈 테니까　　　　(2) 전화할 테니까
   (3) 장을 볼 테니까　　(4) 지킬 테니까
   (5) 안 할 테니까
2. (1) 내가 거실을 정리할 테니까
   (2) 여기에서 기다릴 테니까
   (3) 내가 표를 살 테니까
   (4) 이번엔 실망시키지 않을 테니까
   (5) 내가 도와줄 테니까

이왕 -(으)ㄹ 거면

1. (1) 이왕 청소를 할 거면
   (2) 이왕 대학에 들어갈 거면
   (3) 이왕 밥을 먹을 거면
   (4) 이왕 집을 구할 거면
   (5) 이왕 컴퓨터를 살 거면
2. (1) 이왕 운동을 할 거면 어렵지도 않고 재미도 있는 배드민턴부터 해 보세요.
   (2) 이왕 6급까지 공부할 거면 기초가 중요하니까 초급부터 제대로 공부하세요.
   (3) 이왕 한국어를 배우러 한국에 올 거면 우리 학교로 오라고 하세요.
   (4) 이왕 결혼할 거면 상대방의 좋은 점을 많이 보고 긍정적으로 생각하세요.
   (5) 이왕 해외여행을 할 거면 제 고향으로 가 보세요.

-만 한 -이/가 없다

1. (1) 쇼핑 장소로는 명동만 한 데가 없다.
   (2) 이런 일에는 페이 씨만 한 사람이 없다.
   (3) 더울 때는 공포영화만 한 게 없다.
   (4) 한국의 여행지라면 제주도만 한 곳이 없다.
   (5) 노래라면 우리 반 OO 씨만 한 사람이 없다.
2. (1) 바쁠 때는 라면만 한 음식이 없어요.
   (2) 다 알아봤는데 이 집만 한 곳이 없더라고요.
   (3) 한국 음식도 맛있지만 저한테는 우리 고향 음식만 한 게 없지요.
   (4) 이미지 변신으로는 염색만 한 것이 없어요.
   (5) 이럴 때는 로맨틱한 영화만 한 게 없겠지.

-(는)다고 난리이다

1. (1) 그래도 비싸다고 난리이다. / 다른 색깔은 없냐고 난리이다. / 예쁜 옷은 세일을 안 한다고 난리이다.
   (2) 공부 많이 했냐고 난리이다. / 도서관에 갈 거라고 난리이다. / 공부 안 해서 큰일 났다고 난리이다.
   (3) 일찍 일찍 집에 들어오라고 난리이다. / 나쁜 애들과 어울리지 말라고 난리이다. / 밥 좀 잘 챙겨 먹고 다니라고 난리이다.
2. (1) 명절에 친척들이 취직했냐고 난리이다.
   (2) 여름이 되면 사람들이 살을 뺀다고 난리이다.

(3) 크리스마스에 사람들이 불우이웃을 돕는다고 난리이다.

(4) 요즘 우리나라 사람들이 물가가 너무 올랐다고 난리이다.

4과 일상생활

어휘와 표현

1. (1) 공인중개소　　　(2) 계약서
   (3) 월세　　　　　　(4) 하숙집
   (5) 보증금
2. (1) 결제　　　　　　(2) 신용카드
   (3) 일시불　　　　　(4) 무이자
   (5) 반품

5과 방이 더 컸더라면 좋았을 걸 그랬어요

어휘와 표현

1. (1) 꾸준한　　　　　(2) 갖추어져
   (3) 혹해서　　　　　(4) 배려하는
   (5) 선호하는
2. (1) 별도　　　　　　(2) 시설
   (3) 세입자　　　　　(4) 입주

-는 바람에

1. (1) 고장나는 바람에　　(2) 긴장하는 바람에
   (3) 빌려주는 바람에　　(4) 들통나는 바람에
   (5) 떠드는 바람에
2. (1) 뛰어 오다가 넘어지는 바람에 옷이 더러워졌어요.
   (2) 갑자기 급한 일이 생기는 바람에 그랬어요.
   (3) 약속이 취소되는 바람에 주말에 집에만 있었어요.
   (4) 술을 좋아하는 친구를 만나는 바람에 많이 마셨어요.
   (5) 교통사고가 나는 바람에 많이 다쳐서 입원했대요.

-았/었/였더라면

1. (1) 내가 조금만 참았더라면 좋았을 걸 그랬다.

(2) 어제 옷을 사지 않았더라면 3만원을 아낄 수 있었을
   것이다.

(3) 평일에 명동에 갔더라면 편하게 쇼핑할 수 있었을 텐
   데…….

(4) 편한 운동화를 신고 나왔더라면 발이 아프지 않았을
   텐데 괜히 새 구두를 신고 나왔다.

(5) 지하철을 탔더라면 벌써 도착했을 것이다.

2. (1) 저도 정말 아쉽네요. 우리 나이도 비슷한데 더 친하게
   지냈더라면 좋았을 걸 그랬어요.
   (2) 너랑 싸운 적도 많지만 이제 헤어진다고 생각하니까
   슬퍼진다. / 너한테 더 잘해줬더라면 좋았을 걸 그랬어.
   (3) 곧 고향으로 돌아가는데 한국생활이 많이 그리울 것
   같아. 더 열심히 공부했더라면 좋았을 걸 그랬어. / 고
   향에 돌아가더라도 나를 잊지 마. 너랑 더 좋은 시간을
   보낼 걸 그랬어.

-도록 하다

1. (1) 오도록 하세요.　　　(2) 먹도록 하세요.
   (3) 바르도록 하세요.　　(4) 세우도록 하세요.
   (5) 공부하도록 하세요.
2. (1) 1년 이상 일을 해 봐야 자기한테 맞는지 안 맞는지 정
   확히 알 수 있으니까 조금만 참아보도록 해. / 알겠어
   요. 선배님 말씀대로 1년 동안은 일해 보도록 할게요.
   (2) 혼자만 있지 말고 마음이 맞는 친구들을 많이 만나도
   록 하세요. / 혼자 있으면 더 우울해지는 게 맞는 것 같
   아요. 친구들과 함께 시간을 보내도록 할게요.
   (3) 마리오 씨는 맛있는 걸 사주면 화가 금방 풀리니까 밥
   을 사주도록 하세요. / 좋은 정보 감사합니다. 마리오
   씨가 좋아하는 음식을 사주도록 할게요.
   (4) 약국에 가면 술 마시기 전에 마시는 음료가 있는데 그
   걸 마시도록 하세요. / 사 먹도록 할게요.

-더니 I

1. (1) 춥더니　　　　　　(2) 못하더니
   (3) 웃더니　　　　　　(4) 공부하더니
   (5) 어렵더니
2. (1) 처음에는 먹기가 힘들더니 지금은 맛없는 게 없네요.
   (2) 전에는 높더니 요즘은 낮아지고 있어요.
   (3) 전에는 친절하고 겸손하더니 요즘은 콧대가 높아진
   것 같더라고요.

(4) 처음에는 힘들기만 하더니 요즘은 고향 같이 편하네요.

(5) 처음에는 말이 없어서 무뚝뚝해 보이더니 요즘은 진짜 웃긴 것 같아요.

-더니 II

1. (1) 공부하더니　　　　(2) 하더니

(3) 일하더니　　　　(4) 먹더니

(5) 좋아하더니

2. (1) 매일 싸우더니 결국 헤어졌네요.

(2) 어제 저녁을 급하게 먹더니 체했나 봐요.

(3) 향수병으로 매일 울더니 돌아가기로 마음먹었군요.

(4) 수업시간에 매일 자더니 선생님한테 혼났대요.

(5) 발음 연습을 꾸준히 하더니 말하기 대회에서 우승을 했군요.

-더니 I II

1. (1) 가: 예전에는 하루에 10번도 넘게 전화를 하더니 요즘은 한 번도 안 할 때가 있잖아.

나: 일이 바빠져서 그렇지. 너 나한테 자주 화를 내더니 이제는 습관이 된 것 같아.

(2) 나: 죄송합니다. 전에는 한국어 공부도 재미있고 친구들 만나는 것도 좋더니 요즘은 다 귀찮고 아무것도 하고 싶지 않아요.

가: 그렇군요. 예전에는 00 씨가 공부를 열심히 하더니 요즘은 통 안 하는 것 같아서 걱정이 됐어요.

나: 다시 열심히 하도록 하겠습니다.

(3) 나: 잘 지냈어? 옛날에는 통통하더니 지금은 좀 말랐네. 요즘 뭐 하면서 지내?

가: 드라마 작가가 됐어. 요즘 드라마 한 편을 쓰느라 좀 바빠.

나: 어렸을 때도 글 솜씨가 있더니 작가가 됐구나. 축하해.

6과 인터넷 쇼핑이 얼마나 편리한지 몰라

어휘와 표현

1. (1) 안심하고　　　　(2) 망설였다

(3) 정화하는　　　　(4) 파악하지

(5) 장을 보

2. (1) 덤　　　　(2) 마감

(3) 배달　　　　(4) 충동구매

얼마나 -(으)ㄴ/는지 모르다/알다

1. (1) 얼마나 예쁜지 모른다.

(2) 얼마나 많이 먹는지 모른다.

(3) 얼마나 바보 같은지 모른다.

(4) 얼마나 놀랐는지 모른다.

2. (1) 네. 이 구두가 얼마나 편한지 몰라요.

(2) 잘 하기는요. 여자 친구랑 얼마나 심하게 싸웠는지 몰라요.

(3) 시험이 얼마나 어려웠는지 몰라요.

(4) 얼마나 이상한 사람이었는지 몰라요.

(5) 우리나라는 얼마나 살기 좋은지 몰라요.

-기는 하다

1. (1) 배우기는 배웠는데　　(2) 먹기는 했는데

(3) 알기는 알지만　　(4) 바쁜긴 한데

(5) 아프기는 해도

2. (1) 보고 싶기는 한데 지금 너무 피곤해서 그냥 쉬고 싶어요.

(2) 재미있기는 재미있는데 읽어 보라고 추천해 주고 싶지는 않네요.

(3) 마시긴 했는데 아주 조금만 마셨어요.

(4) 그런 것 같기는 한데 너무 비싸서 못 사겠어요.

(5) 한국 사람들 성격이 급하기는 급한데 저는 아니에요.

-았/었/였더니 I II

1. (1) 먹었더니　　　　(2) 운동했더니

(3) 잤더니　　　　(4) 화장을 했더니

(5) 불렀더니

2. (1) 들어갔더니　　　　(2) 전화했더니

(3) 왔더니　　　　(4) 봤더니

(5) 만났더니

3. (1) 나: 네. 제가 먼저 사과했더니 용서해 주더라고요.

가: 지금은 다시 사이가 좋아졌지요?

나: 네. 처음엔 어색하더니 금방 아무렇지도 않게 편해

졌어요.

(2) 나: 화장품을 바꿨더니 피부가 좋아지더라고요.

　　가: 비싼 화장품인가 보네요.

　　나: 아니요. 비싼 화장품을 썼더니 오히려 얼굴에 뭐가
　　　　나던데요.

(3) 나: 책으로 말고 TV보면서 한국어를 공부했더니 슬럼
　　　프가 사라졌어요.

　　가: 저는 요즘 슬럼프인가 봐요. 한국어 공부가 진짜
　　　　재미있더니 요즘은 아니에요.

　　나: 공부 방법을 바꿔 보세요.

(4) 나: OO 씨는 K-POP을 좋아하니까 K-POP에 대한 이
　　　야기를 나눠 보세요.

　　가: 저는 그것에 대해 모르는데요.

　　나: 공부를 해야지요. 제가 K-POP에 대한 얘기를 했
　　　　더니 금방 친해졌거든요.

(5) 나: 저도 외로움을 많이 타는 편인데 취미생활을 했더
　　　니 외로움이 사라졌어요.

　　가: 그래요? 저는 취미라고 할 만한 것이 없는데요.

　　나: 전에 축구를 자주 하더니 요즘은 왜 안 해요? 취미
　　　　가 축구 아니었어요?

7과 방이 더 컸더라면 좋았을 걸 그랬어요

어휘와 표현

1. (1) 콜록콜록　　　　　　(2) 쿨쿨
　　(3) 엉엉　　　　　　　　(4) 꼬르륵
　　(5) 주룩주룩

2. (1) 끄덕끄덕　　　　　　(2) 싱글벙글
　　(3) 꾸벅꾸벅　　　　　　(4) 두근두근
　　(5) 반짝반짝

3. (1) 얼굴이 반쪽이 됐어요.
　　(2) 엎어지면 코 닿을 거리
　　(3) 눈꺼풀이 천근만근
　　(4) 간이 콩알만 해져서
　　(5) 손이 발이 되도록 빌었어요.

8과 배고파 죽겠어요

어휘와 표현

1. (1) 틈　　　　　　　　　(2) 유지
　　(3) 독자　　　　　　　　(4) 정서
　　(5) 미운 정

2. (1) 실감나더라고요.　　　(2) 공감해서
　　(3) 용납하지 않으세요.　(4) 씨름하느라
　　(5) 솔직하게

-기 마련이다

1. (1) 밝혀지기 마련이다.　　(2) 정이 들기 마련이다.
　　(3) 있기 마련이다.　　　(4) 찾아오기 마련이다.
　　(5) 멀어지기 마련이다.

2. (1) 공부를 한다고 해서 성적이 잘 나오는 것은 아니에요.
　　하지만 꾸준히 노력하다가 보면 실력이 좋아지기 마련
　　이니까 포기하지 말고 다시 노력해 보세요.

　　(2) '견물생심'이라는 말처럼 뭔가 좋은 것을 보면 가지고
　　싶기 마련이에요. 가지고 싶다고 충동구매를 하면 후
　　회하기 마련이니까 잘 생각해 보고 물건을 구입하도록
　　하세요.

　　(3) 부모치고 자식 걱정 안 하는 부모가 없지요. 어머니는
　　잔소리를 하시기 마련이니까 듣기 싫더라도 어쩔 수
　　없어요.

　　(4) 낮에 굶고 밤에 먹느니 차라리 낮에 실컷 먹고 밤에 안
　　먹는 게 나아요. 그런데 굶어서 살을 빼면 금방 다시 살
　　이 찌기 마련이에요. 다른 방법으로 다이어트를 하세
　　요.

　　(5) 지금은 슬프고 힘들겠지만 시간이 지나면 잊게 되기
　　마련이에요. 또 진짜 운명의 사람이라면 다시 만나게
　　되기 마련이지요.

-스럽다

1. (1) 걱정스러워서　　　　(2) 자연스러우면
　　(3) 촌스러워서　　　　　(4) 자랑스럽게
　　(5) 뻔뻔스럽다

2. (1) 정말 고급스러워 보이네요.
　　(2) 물론이지요. 이렇게 정성스러운 선물을 받고 누가 안

좋아하겠어요?

(3) 뭔가 이룬 것은 하나도 없고 시간만 보낸 것 같아 정말 후회스러워요.

(4) 정말 실망스러웠나 보군요. 저도 정말 당황스러워요.

(5) 줄리앙 씨는 변덕스러운 사람이라 맞추기 어려워요.

-더라도

1. (1) 실수하더라도　　　(2) 바쁘시더라도
   (3) 합격하더라도　　　(4) 춥더라도
   (5) 쓰고 싶더라도

2. (1) 완벽하게 해 낼 수 없더라도 최선을 다합시다.
   (2) 바쁘더라도 밥은 잘 챙겨 먹어야 해요.
   (3) 피곤해서 가기 싫더라도 중요한 일이니까 꼭 가세요.
   (4) 하기 힘들더라도 기말 말하기 시험인데 해야지요.
   (5) 듣기 싫더라도 들어. 다 너에게 도움이 되는 이야기야.

속담

1. (1) 누워서 떡 먹기이다.　　　(2) 금강산도 식후경
   (3) 수박 겉 핥기　　　(4) 작은 고추가 더 맵다

2. (1) 가: 시험 잘 봤어요?
      나: 공부를 하긴 했는데 수박 겉 핥기로 해서 시험을 망쳤어요.
   (2) 가: 줄넘기 진짜 잘한다. 줄넘기 선수 같아.
      나: 어렸을 때부터 줄넘기를 매일 했거든. 나한테 줄넘기는 누워서 떡 먹기야.
   (3) 가: 작은 고추가 맵다고 OO 씨가 몸집은 작아도 일을 제일 잘 해.
      나: 맞아. OO 씨는 나중에 대단한 사람이 될 거야.

9과 나이는 숫자에 불과하잖아요

어휘와 표현

1. (1) 소감　　　(2) 재학
   (3) 경향　　　(4) 회복
   (5) 동갑

2. (1) 미끄러져서　　　(2) 미역국을 먹을 것 같아요.
   (3) 기념해서　　　(4) 경청하고 있어요.
   (5) 건방져

-에 불과하다

1. (1) 작은 선물에 불과해.　　　(2) 숫자에 불과하니까
   (3) 4시간에 불과한데　　　(4) 시작에 불과해요.

2. (1) 아직 중소기업에 불과해요.
   (2) 그냥 과자에 불과한 걸요.
   (3) 2,000명에 불과해요.
   (4) 200원에 불과하던 공책 가격이 10배가 넘게 올랐네요.

-던 때가 엊그제 같다

1. (1) 결혼식을 올렸던 때가 엊그제 같은데
   (2) 굶던 때가 엊그제 같은데
   (3) 가나다를 배우던 때가 엊그제 같은데
   (4) 떨었던 때가 엊그제 같은데

2. (1) 동생이 태어났던 때가 엊그제 같은데 벌써 10살이 됐다니 놀랍다.
   (2) 취직이 안 돼서 고민하던 때가 엊그제 같은데 벌써 이 회사에 들어온 지 10년이 지났다.
   (3) 이 집에 이사를 와서 집들이를 했던 때가 엊그제 같은데 벌써 2년이 지나 다시 이사를 가게 됐다.
   (4) 큰 꿈을 가지고 유학을 떠났던 때가 엊그제 같은데 대학까지 마치고 고향에 돌아왔다니 5년이라는 시간이 참 빠르게 지났다.

-다더니

1. (1) 페이가 너무 바쁘다더니 기숙사에서 자고 있다.
   (2) 상우가 같이 영화를 보자더니 며칠이 지나도 연락이 없다.
   (3) 여자 친구가 술을 잘 못 마신다더니 나보다 더 잘 마신다.
   (4) 리사가 약속시간에 늦지 말라더니 우리를 1시간이나 기다리게 만들었다.
   (5) 쑤안이 요즘 다이어트 중이라더니 그렇게 좋아하던 빵에 손을 안 댄다.
   (6) 마리오가 좋아하는 음식이 뭐냐더니 진짜 그 음식을 만들어 줬다.
   (7) 일기예보에서 오후에 비가 올 거라더니 3시쯤 빗방울이 떨어지기 시작했다.

(8) 룸메이트가 아까 저녁을 먹어서 자기는 안 먹을 거라
  더니 라면 하나를 다 먹었다.

2. (1) 커피숍 차리는 게 꿈이라더니 진짜 차렸네요.

(2) 매운 음식을 못 먹는다더니 정말이군요.

(3) 중국에서 3년 동안 유학을 했다더니 중국어를 중국사
  람 못지않게 잘하더라고요.

(4) 여자 친구랑 헤어졌다더니 슬퍼서 울고 있나 봐요.

(5) 남자 친구가 생겼다더니 점점 예뻐지네요.

(6) 싸게 판다더니 다른 곳보다 더 비싸게 팔던데요.

(7) 줄리앙 씨가 자기는 도서관에서 절대 공부를 못 한다
  더니 웬일이래요?

(8) 몸이 안 좋다더니 많이 아픈가 봐요.

10과 전통문화

어휘와 표현

1. (1) 세배 (2) 달맞이 (3) 성묘
  (4) 차례 (5) 덕담

2. (1) 오곡밥 (2) 나물 (3) 부럼
  (4) 귀밝이술 (5) 쥐불놀이

3. (1) 차기 (2) 날리기 (3) 치기
  (4) 놀이 (5) 뛰기

4. (1) 쥐불놀이 (2) 성묘 (3) 강강술래
  (4) 씨름 (5) 오곡밥과 나물 (6) 차례

11과 대보름 음식을 먹는 데 의의가 있지요

어휘와 표현

1. (1) 격려했다 (2) 딱딱하게 (3) 맞이할
  (4) 예민하다 (5) 신성하게

2. (1) 화합 (2) 곡식 (3) 달맞이
  (4) 더위 (5) 묵

-못지않다

1. (1) 줄리앙 씨는 농구선수 못지않게 키가 커요

(2) 부산의 야경은 홍콩의 야경 못지않게 아름다워요.

(3) 할아버지는 젊은 사람 못지않게 체력이 좋아요

(4) 오늘은 겨울 날씨 못지않게 바람이 불고 추워요.

(5) 나무를 보호하는 것은 나무를 심는 것 못지않게 아주
  중요해요.

2. (1) 설날 못지않은 큰 명절이었어요.

(2) 배우 못지않게 잘생겼네요.

(3) 일본사람 못지않아요. 일본사람 못지않게 잘해요.

(4) 저 배우는 주인공 못지않게 연기를 잘해요.

-든지

1. (1) 마시든지 (2) 열든지
  (3) 맵든지 (4) 보내든지
  (5) 부르든지

2. (1) 쇼핑을 하려면 명동이든지 홍대에 가서 하세요.

(2) 제주도에 가려면 비행기든지 배를 타세요.

(3) 설날에는 윷놀이든지 연날리기를 해 보세요.

(4) 집들이 선물은 세제든지 화장지를 사면 돼요.

(5) 장을 볼 때 전통시장이든지 대형마트에 가요.

-아/어/여야 제격이다

1. (1) 입어야 제격이에요

(2) 있어야 제격이에요

(3) 가야 제격이에요

(4) 신어야 제격이다

(5) 먹어야 제격이에요.

2. (1) 가: 요즘은 떡을 잘 안 먹으니까 돌잔치 때 케이크만
    있어도 되겠지요?
  나: 그래도 돌잔치에는 백설기가 있어야 제격이에요.

(2) 가: 면접 보러 갈 때 편하게 입고 가도 되겠지요?
  나: 안 돼요. 정장에 구두를 신고 가야 제격이에요.

(3) 가: 우리는 크리스마스에 커피숍에서 데이트하려고 해.
  나: 그래도 그런 날에는 사람들이 많은 곳을 다정하게
    걸어야 제격이지.

(4) 가: 오늘처럼 흐리고 비오는 날은 정말 학교 가기 싫다.
  나: 맞아. 이런 날에는 따뜻한 방에서 만화책을 봐야
    제격이지.

-에 의의가 있다

1. (1) 쌓는/쌓는다는 데에 의의가 있어요.
　　(2) 경험하는/경험한다는 데에 의의가 있어요.
　　(3) 최초 작품이라는 데에 의의가 있어요.
　　(4) 확인하는/확인한다는 점에 의의가 있어요.
　　(5) 이해하는/이해한다는 데에 의의가 있어요.
2. (1) 내가 좋아하는 가수를 본다는 데에 의의가 있기 때문에 꼭 가야 해요.
　　(2) 아르바이트는 경험을 쌓는 데에 의의가 있으니까 끝까지 할래요.
　　(3) 명절은 가족이 한 자리에 모인다는 데에 의의가 있어서 꼭 가야 해요.
　　(4) 가족과 함께 시간을 보낸다는 데에 의의가 있어서 결심했어요.
　　(5) 결혼은 부부가 서로 함께 한다는 데에 의의가 있으니 꼭 해야 해요.

12과 단군이 세운 나라가 고조선이구나!

어휘와 표현

1. (1) 개천절　　(2) 빈털터리　　(3) 정체성
　　(4) 손맛　　(5) 욕심
2. (1) 차지하　　(2) 견딘　　(3) 심술궂은
　　(4) 부러뜨렸다

-에 의하면

1. (1) 뉴스에 의하면 독감이 유행이래요.
　　(2) 소문에 의하면 시험이 없어질 거래요.
　　(3) 기상청에 의하면 내일 기온이 영하로 뚝 떨어진대요.
　　(4) 내 경험에 의하면 모든 문제는 시간이 약인 것 같아요.
2. (1) 의학책에 의하면 브로콜리가 위의 기능을 좋게 한 대.
　　(2) 설문조사에 의하면 한국 사람들이 한 달에 9번은 외식을 한 대요.
　　(3) 연구결과에 의하면 애완동물과 함께 자면 수면에 도움이 된대.
　　(4) 청소년 근로기준법에 의하면 한국에서는 만 15세 이상부터 아르바이트를 해도 된대요.

-조차

1. (1) 시작조차 못 했어요.
　　(2) 인원수조차 파악을 못 했대요.
　　(3) 물조차 못 마셨어요.
　(4) 원인조차 알아내지 못 했대요.
　　(5) 골목조차 못 나가요.
2. (1) 남자친구조차 없어요.
　　(2) 문제조차 다 못 풀었어요.
　　(3) 월세조차 낼 돈이 없어요.
　　(4) 물조차 없어요.
　　(5) 서론조차 못 썼어요.

-마저

1. (1) 가족마저 저를 떠났어요.
　　(2) 일자리마저 잃었어요.
　　(3) 할머니마저 돌아가셨어요.
　　(4) 팬들마저 등을 돌렸어요.
　　(5) 집마저 팔았대요.
2. (1) 너만은 나를 끝까지 믿어줄 거라고 생각했어. 그런데 너마저 내가 거짓말을 하고 있다고 생각하는 거야?
　　(2) 자식 셋을 결혼시키고 막내만 남았는데 곧 막내마저 결혼하다고 한다. 기쁜 일인데 왜 이렇게 마음 한 구석이 허전한지 모르겠다.
　　(3) 요즘 스마트폰 중독이 심각하다고 한다. 친구들과 뛰어놀아야 할 아이들마저 스마트폰을 손에서 놓을 줄 모른다.
　　(4) 아버지가 돌아가신 지 3년이 지났다. 요즘 어머니 건강이 안 좋아지고 있는데 어머니마저 내 옆을 떠나시면 너무 외로울 것 같다.
　　(5) 집안 형편이 어려워지자 아내는 돈이 되는 물건을 팔기 시작했고 결국 결혼반지마저 팔게 되었다.

-삼다

1. (1) 사위로 삼고　　　　(2) 형으로 삼으면
　　(3) 친구 삼아　　　　(4) 아내로 삼은
　　(5) 낙으로 삼아
2. (1) 처음에는 재미 삼아 한국어를 배웠다.
　　(2) 친구에게 농담 삼아 '돼지'라고 했는데 친구가 많이 화

를 냈다.

(3) 장난삼아 한 말을 가지고 친구는 한 달 동안 나에게 말을 안 한다.

(4) 공부하고 취직 준비하기도 바쁘지만 경험 삼아 아르바이트를 하고 있다.

(5) 취미 삼아 그림을 그리다가 미술을 전공하게 됐다.

13과 환경문제

어휘와 표현

1. (1) 공장폐수　　　(2) 지구온난화
   (3) 이산화탄소　　(4) 일회용품
   (5) 미세먼지
2. (1) 재활용품　　　(2) 대중교통
   (3) 합성세제　　　(4) 녹색제품
   (5) 자연보호
3. (1) 직접 피자를 찾아갔으니까 배기가스 배출을 하지 않았다.
   (2) 콜라를 마시라고 종이컵 즉 일회용품을 서비스로 받았다
   (3) 난방기를 켠 채로 창문을 열었기 때문에 에너지를 낭비한 것이다
   (4) 치즈가루가 들어 있는 비닐, 피클이 들어 있는 플라스틱 용기를 따로 버려야 한다.
   (5) 남은 피자는 음식물 쓰레기로 버려진다.

14과 일회용품은 환경문제의 주범이래요

어휘와 표현

1. (1) 보람　　(2) 모금　　(3) 실천
   (4) 주범　　(5) 자원
2. (1) 썩기　　(2) 동참하고　　(3) 유발한다
   (4) 소박하게　(5) 지급한

-치고

1. (1) 외국인치고
   (2) 새 휴대폰치고 가격이 싼 것을
   (3) 남자치고 예쁜 여자를
   (4) 한국사람치고 김치를
   (5) 요즘 아이들치고 스마트폰이
2. (1) 그 가수는 가수치고 노래를 잘 못 불러요.
   (2) 그는 농구선수치고 키가 작은 편이에요.
   (3) 상우 씨는 학생치고 공부를 열심히 안 해요.
   (4) 어제는 휴일치고 사람이 많지 않았어요.
   (5) 어제 본 그 영화는 공포영화치고 하나도 무섭지 않았어요.

-(으)ㄴ 채(로)

1. (1) 연 채로 잠을 잤다.
   (2) 기댄 채로 서 있었다.
   (3) 켜 놓은 채 외출을 했다.
   (4) 벗지 않은 채 세수를 했다.
   (5) 주지 못한 채 집에 돌아왔다.
2. (1) 불을 끄지 않은 채 잠을 잤더니 힘들어서 그래요.
   (2) 알람을 끈 채 또 자 버렸어요.
   (3) 옷을 입은 채 잠을 자서 그래요.
   (4) 지퍼를 올리지 않은 채 화장실에서 나왔어요.
   (5) 창문을 닫지 않은 채 잠이 들었어요.

-거든

1. (1) 하거든 연락 주세요.
   (2) 오거든 말해 주세요.
   (3) 편찮으시거든 빨리 병원으로 모시고 가세요.
   (4) 안 들거든 언제든지 가지고 오세요.
   (5) 있거든 물어 보세요.
2. (1) 마음에 들거든 사세요.
   (2) 안 맞거든 가지고 오세요.
   (3) 모르거든 친구한테 물어 보세요.
   (4) 많거든 남기세요.
   (5) 급한 일이거든 얼른 가 보세요.

동의표현

1. (1) 일리가 있지만　　　(2) 내 말이 그 말이야
   (3) 아닌 게 아니라
2. (1) 그러게 말이야. 겨울인데 벌써 꽃이 핀 곳도 있어.

(2) 네 말에도 일리가 있지만 다 그런 것은 아니야.

(3) 내 말이 그 말이야. 머지않아 마스크로 얼굴을 다 가리고 다니는 날이 올걸.

(4) 아닌 게 아니라 뉴스에 의하면 생활하수 때문에 수질 오염이 더 심해졌다고 하더라고요.

15과 야외 활동을 피하는 게 좋겠어요

어휘와 표현

1. (1) 황사　　(2) 한도　　(3) 경각심
　 (4) 폐기　　(5) 배출
2. (1) 건조하고　　(2) 예보했다　　(3) 잠길
　 (4) 자제하기　　(5) 드러나고

-길래

1. (1) 운동화가 싸길래 또 사버렸어요.
　 (2) 머리가 아프길래 일찍 집에 갔어요.
　 (3) 친구들이 벌써 밥을 먹었길래 혼자 밥을 먹었어요.
　 (4) 친구가 영화를 보여 준다길래 그 영화를 봤어요.
2. (1) 잘 자길래 깨울 수가 없었어요.
　 (2) 일요일이길래 편하게 쭉 잤어요.
　 (3) 그 영화가 재미있길래 또 봤어요.
　 (4) 친구가 사 준다길래 가서 먹었어요.

-(는)다든지 -(는)다든지

1. (1) 전화한다든지 찾아간다든지
　 (2) 축구라든지 야구라든지
　 (3) 재미있다든지 어렵다든지
　 (4) 부산이라든지 제주도라든지
　 (5) 노래를 듣는다든지 춤을 춘다든지
2. (1) 전통 옷을 입는다든지 음식을 만든다든지 명절에 할 수 있는 특별한 것을 해요.
　 (2) 영어를 공부한다든지 어학연수를 간다든지 외국어를 준비하면 돼요.
　 (3) 분리수거를 한다든지 전기를 아껴 쓴다든지 이렇게 작은 일을 생활화해야 해요.
　 (4) 김이라든지 화장품이라든지 한국의 유명한 제품을 사

세요.
　 (5) 커피를 마신다든지 세수를 한다든지 이렇게 하면 될 것 같아요.

-는 대로

1. (1) 순서대로　　　　(2) 본 대로
　 (3) 예상대로　　　　(4) 시키는 대로
　 (5) 마음먹은 대로
2. (1) 친구의 옷이 안 어울린다고 사실대로 말했다가 후회한 적이 있어요.
　 (2) 뉴스에서 정말 추워진다더니 들은 대로 정말 춥네요.
　 (3) 매일 매일 운동을 한다고 마음을 먹는데 마음먹은 대로 잘 안 돼요.
　 (4) 친구의 말투가 재미있어서 친구가 말하는 대로 따라 해 본 적이 있어요.
　 (5) 제가 아는 대로 말하면 베이징, 도쿄, 테헤란 등이에요.

-기(가) 일쑤이다

1. (1) 잃어버리기 일쑤라서
　 (2) 말하기 일쑤라서
　 (3) 굶기 일쑤라서
　 (4) 밤을 새우기 일쑤였는데
　 (5) 지각하기 일쑤라서
2. (1) 집에 휴대폰을 놓은 채 외출하기 일쑤예요.
　 (2) 모든 물건의 냄새를 맡기 일쑤예요.
　 (3) 같은 말을 반복하기 일쑤예요.
　 (4) 메모를 하지 않으면 잊어버리기 일쑤라서 그래요.
　 (5) 저는 사람들 앞에 서면 얼굴이 빨개지기 일쑤예요.

16과 취미 생활

어휘와 표현

1. (1) 기분전환　　(2) 동호회　　(3) 자기만족
　 (4) 자기계발　　(5) 재충전
2. (1) 취미　　(2) 등산　　(3) 독서
　 (4) 게임　　(5) 영화관람

17과 제가 이래봬도 등산 동호회 회장이에요

어휘와 표현

1. (1) 첫발을 내딛 　　　(2) 꿈도 못 꾸
　(3) 만만치 않다 　　　(4) 바람을 일으키고
　(5) 재미를 붙이게

2. (1) 선의 　　　(2) 대상 　　　(3) 규모
　(4) 도전 　　　(5) 용기

-(으)ㄹ 게 뻔하다

1. (1) 길이 막힐 게 뻔해요.
　(2) 비쌀 게 뻔해요.
　(3) 많을 게 뻔해요.
　(4) 밥을 먹었을 게 뻔해요.
　(5) 영화가 재미없을 게 뻔해요.

2. (1) 마트에 사람이 많아서 복잡할 게 뻔해요.
　(2) 비가 올 게 뻔해요.
　(3) 우리팀이 질 게 뻔해요.
　(4) 선생님이 화를 내실 게 뻔해요.
　(5) 내일 얼굴이 부을 게 뻔해요.

-(으)ㄹ 게 뭐 있나요?

1. (1) 공부할 게 뭐 있나요? 평소 실력으로 보면 되지요.
　(2) 긴장할 게 뭐 있나요? 자연스럽게 말하면 되지요.
　(3) 살 게 뭐 있나요? 잠깐 빌리면 되지요.
　(4) 배울 게 뭐 있나요? 매일 집에서 연습하면 되지요.

2. (1) 걱정할 게 뭐 있나요? 부동산에 가면 되지요.
　(2) 긴장할 게 뭐 있나요? 지금부터 준비하면 되지요.
　(3) 차려입을 게 뭐 있나요? 단정하게 입고 가면 되지요.
　(4) 신경 쓸 게 뭐 있나요? 전화해서 물어 보면 되지요.

(비록) - (는)다 해도

1. (1) 비록 부자라 해도 다 행복한 건 아니에요.
　(2) 비록 값이 비싸다 해도 품질이 다 좋은건 아니에요.
　(3) 비록 돈이 많이 든다 해도 해외여행을 꼭 갈 거예요.
　(4) 비록 공부를 잘 했다 해도 다 성공하는 건 아니에요.

2. (1) 비록 비가 많이 온다 해도 갈 거예요.
　(2) 비록 나이가 어리다 해도 마음만 맞으면 친구가 될 수 있어요.
　(3) 비록 아프다 해도 학교에 꼭 가야 해요.
　(4) 비록 어렵다 해도 포기하지 않을 거예요.

이래봬도/저래봬도/그래봬도

1. (1) 이래봬도 　　　　(2) 이래봬도 　　　(3) 저래봬도
　(4) 저래봬도 　　　(5) 그래봬도

2. (1) 저래봬도 30년이나 된 유명한 식당이에요.
　(2) 이래봬도 백화점에서 아주 비싸게 산 거예요.
　(3) 그래봬도 상우 씨가 장학생이래요.
　(4) 이래봬도 유명한 화가가 그린 작품이에요.
　(5) 그래봬도 예전에 아주 유명한 가수였대요.

18과 도심에서 벗어나 자연을 느낄 수 있을 거예요

어휘와 표현

1. (1) 간직하고 　　　(2) 독특한 　　　(3) 공유하고
　(4) 주저하 　　　(5) 벗어나서

2. (1) 머리를 식히러 　　　(2) 애착이 가는
　(3) 추위를 이기

-(으)ㄹ 겸해서

1. (1) 돈도 벌고 경험도 쌓을 겸해서 아르바이트를 해요.
　(2) 책도 빌리고 공부도 할 겸해서 도서관에 가요.
　(3) 기분 전환도 하고 스트레스도 풀 겸해서 여행해요.
　(4) 한국어도 공부하고 한국 문화도 배울 겸해서 한국에 왔어요.

2. (1) 운동도 하고 기분 전환도 할 겸해서 등산을 해요.
　(2) 수다도 떨고 친구 얼굴도 볼 겸해서 만나러 가요.
　(3) 바람도 쐬고 물도 살 겸해서 나갔다 왔어요.
　(4) 한국어 연습도 하고 배우도 볼 겸해서 드라마를 봐요.

-(으)ㄴ 나머지

1. (1) 슬픈 나머지 　　　(2) 서두른 나머지

(3) 먹은 나머지 　　　　(4) 부른 나머지

(5) 놀란 나머지

2. (1) 드라마가 너무 슬픈 나머지 펑펑 울었어요.

(2) 선생님이 너무 무서운 나머지 거짓말을 했어요.

(3) 가까이에서 텔레비전을 많이 본 나머지 시력이 나빠졌어요.

(4) 너무 급한 나머지 모르고 가지고 갔어요.

(5) 농담이 너무 심한 나머지 화가 났어요.

-아/어/여야

1. (1) 넣어야 　　　　(2) 좋아야

(3) 공부해야 　　　　(4) 맞벌이여야

(5) 받아야

2. (1) 최근에 찍은 사진이 있어야 해요.

(2) 운동을 해야 해요.

(3) 논문을 써야 해요.

(4) 식권을 사야 해요.

(5) 오늘 저녁까지 신청해야 해요.

-신체관용어구

1. (1) 콧대가 높아서 　　　　(2) 귀가 얇은

(3) 손이 커서 　　　　(4) 입이 가벼운

2. (1) 입이 짧다는 소리를 자주 들어요.

(2) 맞아요. 입이 무거워요.

(3) 눈 깜짝할 사이에 1년이 지나갔네요.

(4) 지영 씨가 눈이 높아요.

(5) 얼굴이 두꺼워서 부끄러운 것도 몰라요.

19과 대학생활

어휘와 표현

1. (1) 등록금 　　　　(2) 회원 모집

(3) 재수강 　　　　(4) 계절학기

(5) 대출 연장

2. (1) 강의 계획서 　　　　(2) 교과목명

(3) 학점 　　　　(4) 담당 교수

(5) 제한 인원

제 20과 대학생활이 여간 재미있지 않대요

어휘와 표현

1. (1) 반영했다 　　　　(2) 깨달았다

(3) 마무리할 　　　　(4) 막막하다

(5) 앞서는

2. (1) 실시한 　　　　(2) 차지했다

(3) 뒤를 이었다 　　　　(4) 분석된다

(5) 답한

이렇게 -아/어/여서야 (어디)

1. (1) 이렇게 아파서야 어디 시험을 보러 가겠어요?

(2) 이렇게 불친절해서야 어디 장사를 잘 할 수 있겠어요?

(3) 이렇게 술을 마셔서야 어디 건강을 지키겠어요?

(4) 이렇게 물가가 올라서야 어디 서민들이 살겠어요?

2. (1) 이렇게 밥을 안 먹어서야 어디 잘 크겠니?

(2) 이렇게 집중을 못 해서야 어디 공부 제대로 하겠어요?

(3) 이렇게 고집이 세서야 어디 사회생활 잘 하겠어요?

(4) 이렇게 겁이 많아서야 어디 독립해서 살겠어요?

-(는)다면야 -(으)ㄹ 게 없다

1. (1) 도와준다면야 못 할 게 없다.

(2) 된다면야 더 이상 바랄 게 없다.

(3) 얻을 수 있다면야 못 할 일이 없다.

(4) 없다면야 더 이상 바랄 게 없겠다.

(5) 살 수 있다면야 더 이상 바랄 게 없겠다.

2. (1) 룸메이트가 나한테 먼저 말을 걸어준다면야 더 이상 바랄 게 없겠다.

(2) 월급을 많이 준다면야 못 할 일이 없다.

(3) 국내여행이라도 여유롭게 갈 수 있다면야 더 이상 바랄게 없겠다.

(4) 건강해질 수 있다면야 못 먹을 것, 못 할 것이 없다고 생각한다.

(5) 다시 신입생이 되어서 다시 대학생활을 시작할 수 있다면야 바랄 게 없겠다.

여간 -지 않다

1. (1) 여간 잘 먹지 않는다. (여간 잘 먹는 게 아니다)

(2) 여간 어렵지 않다. (여간 어려운 게 아니다)

(3) 여간 많이 받지 않는다. (여간 많이 받는 게 아니다)

(4) 여간 많지 않다. (여간 많은 게 아니다)

(5) 여간 열심히 하지 않는다. (여간 열심히 하는 게 아니다)

2. (1) 네. 요즘 여간 바쁘지 않아요. 눈코 뜰 새가 없네요.

(2) 학교 시설이 여간 좋지 않아요. 새로 지은 건물이 많거든요.

(3) 여간 잘 부르는 게 아니에요. 가수 못지않더라고요.

(4) 1등을 해서 장학금을 받게 됐는데 여간 뿌듯한 게 아니에요.

(5) 비슷한 옷을 입고 다니는 사람들이 여간 많지 않은데 제 눈에는 좀 이상해 보여요.

통

1. (1) 통 관심이 없다.　　(2) 친구들을 통 못 만났다.

(3) 내가 좋아하는 쇼핑을 통 못 했다.

(4) 한국에서는 통 못 했다.　(5) 공부를 통 안한다.

2. (1) 입맛이 통 없네요.　　(2) 통 못 알아듣겠어요.

(3) 통 기억이 안 나요.　　(4) 통 이해가 안 돼요.

(5) 통 말이 없었군요.

21과 발표를 망치고 말았어요

어휘와 표현

1. (1) 선발할　　　　　(2) 반환해

(3) 제출하는　　　　(4) 이수하지

(5) 열악한

2. (1) 기말고사　　　　(2) 기말 리포트

(3) 참고도서　　　　(4) 학점관리

(5) 학비

-아/어/여다(가)

1. (1) 만들어다(가)　　　(2) 빌려다(가)

(3) 꺼내다(가)　　　(4) 포장해다(가)

(5) 가져다(가)

2. (1) 가져다가 써.　　　(2) 빌려다가 입을 거예요.

(3) 사다 줄게요.　　　(4) DVD를 빌려다 보자.

(5) 찾아다 줄까요?

-(으)ㄴ/는데도 불구하고

1. (1) 열이 나는데도 불구하고

(2) 내렸는데도 불구하고

(3) 내리는데도 불구하고

(4) 잃었는데도 불구하고

(5) 터졌는데도 불구하고

2. (1) 더 훌륭한 가수들이 많은데도 불구하고 그 가수가 상을 받았다는 게 이상하지 않아요?

(2) 어렵게 생활하시는데도 불구하고 평생 모은 돈을 기부를 하셨다니 정말 놀랍네요.

(3) 맞아요. 경제가 어려운데도 불구하고 명품 매출이 올랐다고 하잖아요.

(4) 연세가 많으신데도 불구하고 매일 새벽에 일어나서 운동을 하신대요.

(5) 정말 노력했는데도 불구하고 결과가 안 좋게 나와서 힘이 빠져요.

-고(야) 말다

1. (1) 붙고야 말겠다.　　　(2) 병이 나고 말았다.

(3) 고백하고야 말겠다.　　(4) 끝내고야 말았다

(5) 웃고 말았다.

2. (1) 이번에는 잘 못 봤지만 다음 시험은 꼭 100점을 맞고야 말겠어요.

(2) 물론이지요. 새해 계획들을 꼭 실천하고야 말겠어요.

(3) 살 좀 빼려고요. 빵을 많이 먹었더니 5kg이 찌고 말았거든요.

(4) TV를 보면서 생각 없이 먹다가 보니 다 먹고 말았어요.

(5) 매번 영어를 배우다가 포기하고 말았는데 이번에는 꾸준히 할 거예요.

-(으)ㄴ/는 게 다 뭐예요?

1. (1) 저축이 다 뭐예요?

(2) 결혼하는 게 다 뭐예요?

(3) 살이 빠진 게 다 뭐예요?

(4) 안 매운 게 다 뭐예요?

2. (1) 재미있는 게 뭐야? 지루해서 금방 집에 갔어.

(2) 취직이 다 뭐야? 아직 졸업도 못 했는데.

(3) 장학금을 받는 게 다 뭐예요? 유급이에요.

(4) 해외여행이 다 뭐예요? 계절학기 들을 건데요.

22과 대중매체와 대중문화

어휘와 표현

1. (1) 인터넷학습　　(2) 다운로드　　(3) 블로그
   (4) SNS　　　　　(5) 인터넷 게임
2. (1) 삭제했어요.　　(2) 내려 받으세요.
   (3) 검색하세요.　　(4) 올릴 테
   (5) 댓글이 달려있/댓글을 달아 놓았
3. (1) 부정적　　　　(2) 인터넷 중독　　(3) 컴퓨터
   (4) 대중매체　　　(5) 생활필수품　　(6) 부작용
   (7) 의사소통

23과 그 영화가 어떤 내용이길래 그래요?

어휘와 표현

1. (1) 관람　　　　　(2) 장면
   (3) 개봉　　　　　(4) 상영
   (5) 흥행
2. (1) 허다하다.　　　(2) 연기되었다.
   (3) 작용했다.　　　(4) 접할 수
   (5) 독이 되는

의문사+길래

1. (1) 도대체 이게 얼마길래 말을 못 해요?
   (2) 거기가 어디길래 이렇게 시끄러워요?
   (3) 그게 도대체 뭐길래 내가 오니까 숨겨요?
   (4) 그 영화가 도대체 어떻길래 사람들이 재미없다고 난
   리예요?
   (5) 오늘 만나는 사람이 누구길래 하루 종일 거울만 쳐다
   봐요?

-곤 하다

1. (1) 꾸곤 했다.　　　　　(2) 잠이 들곤 한다.

(3) 수영을 하곤 했다.　　(4) 싸우곤 했는데

(5) 놀곤 했는데

2. (1) 패션쇼를 찾아다니곤 해요.
   (2) 힘들 때 가끔 피우곤 해요.
   (3) 함께 운동을 하곤 해요.
   (4) 부끄러움이 많아서 얼굴이 빨개지곤 했는데 이제는
   활발해졌어요.
   (5) 지각하곤 했어요.

사자성어

1. (1) 일취월장했어요.　　(2) 심사숙고해서
   (3) 우후죽순으로　　　(4) 십중팔구
   (5) 고진감래　　　　　(6) 막상막하라서
   (7) 동문서답하니?

너 나 할 것 없이

1. (1) 명절이 되면 너 나 할 것 없이 고향에 간다.
   (2) 크리스마스가 되면 너 나 할 것 없이 약속을 잡는다.
   (3) 새해가 되면 너 나 할 것 없이 새해 계획을 세운다.
   (4) 올림픽이 열리면 너 나 할 것 없이 자기 나라 선수들을
   응원한다.
2. (1) 네. 1학년들도 너 나 할 것 없이 취직 준비를 하더라고요.
   (2) 너 나 할 것 없이 그렇게 옷을 입고 다니니 진짜 유행
   이 맞네요.
   (3) 너 나 할 것 없이 차를 몰고 다니니까 그래요.
   (4) 그래서 노인들이 너 나 할 것 없이 그걸 사시더라고요.

24과 근거 없는 소문으로 인해서 큰 피해를 입잖아

어휘와 표현

1. (1) 호평　　　　　(2) 오류
   (3) 헛소문　　　　(4) 논란
   (5) 사은품
2. (1) 마련했어요.　　(2) 민망하더라고요.
   (3) 순진하네요.　　(4) 과하세요.

(5) 중단해서

-(이)나마

1. (1) 작은 힘이나마　　　(2) 짧게나마
　　(3) 조금이나마　　　　(4) 이런 식으로나마
　　(5) 어렵게나마　　　　(6) 뒤늦게나마
　　(7) 부족하게나마

-(으)ㄴ/는 듯싶다

1. (1) 최고인 듯싶다.　　　(2) 아닌 듯싶다.
　　(3) 내릴 듯싶다.
　　(4) 안 어울리는/릴 듯싶다.　(5) 운 듯싶다.
2. (1) 택시에 두고 내린 듯싶어요.
　　(2) 리사 씨가 잘할 듯싶어요.
　　(3) 앞으로 신문은 사라질 듯싶은데요.
　　(4) 직원들이 파업을 할 듯싶어요.
　　(5) 빨리 빨리 해도 마감시간까지 다 못 끝낼 듯싶어요.

-만 못하다

1. (1) 동생만 못하니?　　　(2) 가까운 이웃만 못하다
　　(3) 나만 못하지　　　　(4) 안 하는 것만 못하다
　　(5) 옛날만 못하다
2. (1) 디자인은 좋지만 성능은 전에 쓰던 것만 못해요.
　　(2) 집에서 보는 건 극장에서 보는 것만 못하지요.
　　(3) 그래도 우리 엄마 솜씨만 못해요.
　　(4) 재능이 아무리 많은 사람이라도 노력하는 사람만 못
　　　하다고 생각해요.
　　(5) 사다 먹으면 편하기는 해도 직접 만들어 먹는 것만 못
　　　하지.

-(으)로 인해서

1. (1) 스트레스로 인해서　　(2) 태풍으로 인해서
　　(3) 개발로 인해서　　　(4) 부주의로 인한
　　(5) 가뭄으로 인한
2. (1) 간접흡연으로 인해서 폐암이 발생하는 경우가 많습니다.
　　(2) 그 사고로 인한 사망자가 5명이나 된대요.
　　(3) 무리한 사업 계획으로 인해서 재정적 위기가 닥쳤습
　　　니다.

　　(4) 잘못된 정보로 인해서 혼란스러울 때가 많습니다.
　　(5) 스트레스로 인한 탈모네요.

어휘와 표현

1. (1) 채용공고　　　　(2) 업무
　　(3) 구직자　　　　　(4) 인턴십
　　(5) 연봉
2. (1) 이직한대요.　　　(2) 승진하셨으니까
　　(3) 담당하고 있습니다.　(4) 스펙을 쌓아
　　(5) 퇴직하시고
3. (1) 에티켓　　　(2) 조건　　　(3) 옷차림
　　(4) 답변　　　(5) 기본 정보　　(6) 대기

어휘와 표현

1. (1) 치르고　　　(2) 미루고　　　(3) 챙겨주는
　　(4) 틀에 박힌　　(5) 특이한
2. (1) 기업　　　(2) 기존　　　(3) 스펙
　　(4) 지원자　　(5) 인성

-(이)나 다름없다

1. (1) 부자나 다름없다.
　　(2) 새 것이나 다름없이
　　(3) 돈을 버리는 거나 다름없다.
　　(4) 10년 전이나 다름없이
　　(5) 이긴 거나 다름없다.
2. (1) TV시청이 공부나 다름없어.
　　(2) 가을이나 다름없네요.
　　(3) 친구나 다름없어요.
　　(4) 카페나 다름없어요.
　　(5) 고양이는 우리 가족이나 다름없으니까요.

-만에

1. (1) 5년 만에　　　　(2) 일주일 만에
　　(3) 하루 만에　　　　(4) 3년 만에
　　(5) 2년 만에

2. (1) 얼마 만이에요?
　　(2) 2시간 40분 만에 갈 수 있어요.
　　(3) 나는 30분 만에 끝냈어.
　　(4) 친구들을 10년 만에 만나는 거라 반갑기도 하고 좀 어색하기도 하더라고요.
　　(5) 그러게요. 6개월 만에 비가 내렸어요.
　　(6) 힘들어서 일주일 만에 포기했어요.
　　(7) 5분 만에 먹을 수 있잖아요.
　　(8) 네. 1년 만에 가는 거라 기대가 돼요.

-(으)면 좋으련만

1. (1) 나도 여자 친구가 있으면 좋으련만, 늘 혼자 다니니까 외롭다.
　　(2) 내 다리도 저렇게 길면 좋으련만……. 저 여자는 뭘 먹고 저렇게 길어졌을까?
　　(3) 내 방이 좀 크면 좋으련만, 너무 작아서 정리를 할 수가 없네.

27과 여러 나라와 관계가 있는 일을 하고자 합니다

어휘와 표현

1. (1) 계기　　　　(2) 경쟁력　　　　(3) 결근
　　(4) 책임감　　　　(5) 착각

2. (1) 원만해서　　(2) 헛되지　　　　(3) 불안정해서
　　(4) 익혔다　　　　(5) 매달리지

-고자 하다

1. (1) 개최하고자 합니다.　　(2) 보태고자 합니다.
　　(3) 토의하고자 합니다.　　(4) 발표하고자 합니다.
　　(5) 돈만 벌고자

2. (1) 한국 문화에 대해 깊이 있게 배우고자 한국으로 유학을 왔습니다.
　　(2) 앞으로 우리 회사 직원들이 만족할 수 있는 건강한 기업으로 키우고자 합니다.
　　(3) 유학생들이 좀 더 편하고 즐거운 생활을 할 수 있도록 열심히 일하고자 합니다.
　　(4) 학생들에게 바른 인성과 지식을 가르치고자 교사의 길을 선택했습니다.
　　(5) 이 돈을 우리 사회의 약자를 위해 쓰고자 합니다.

-고도 남다

1. (1) 살고도 남는다.
　　(2) 취직하고도 남을 것이다.
　　(3) 모델이 되고도 남았을 것이다.
　　(4) 하고도 남는다.
　　(5) 감동하고도 남을 것이다.

2. (1) 해외여행을 갔다 오고도 남겠어.
　　(2) 그 실력이라면 4급에 합격하고도 남지요.
　　(3) 도착하고도 남을 텐데…….
　　(4) 흥행하고도 남겠어요.
　　(5) 차이고도 남지요.

-듯이

1. (1) 다르듯이　　　　　　(2) 말하듯이
　　(3) 노래를 부르듯이　　(4) 옷을 입듯이
　　(5) 교복을 입듯이

2. (1) 제집 드나들듯이　　(2) 게눈 감추듯이
　　(3) 비 오듯이　　　　　 (4) 밥 먹듯이
　　(5) 물 쓰듯이

집필진

김은정 한국외국어대학교 한국어문화교육원 전임강사
한국외국어대학교 국어학 박사 수료

송현아 한국외국어대학교 한국어문화교육원 강사
한국외국어대학교 외국어로서의 한국어교육 석사

박수정 한국외국어대학교 한국어문화교육원 강사
한국외국어대학교 외국어로서의 한국어교육 박사 수료

외국인을 위한 한국어 Workbook 4

초판 1쇄 발행 2016년 3월 7일
3쇄 발행 2024년 6월 20일

지은이 한국외국어대학교 한국어문화교육원
펴낸이 박영호
기획팀 송인성, 김선명
편집팀 박우진, 김영주, 김정아, 최미라, 전혜련, 박미나
관리팀 임선희, 정철호, 김성언, 권주련
펴낸곳 (주)도서출판 하우

주소 서울시 중랑구 망우로68길 48
전화 (02)922-7090
팩스 (02)922-7092
홈페이지 http://www.hawoo.co.kr
e-mail hawoo@hawoo.co.kr
등록번호 제2016-000017호

값 11,000원
ISBN 979-11-86610-58-9 14710
ISBN 979-11-86610-54-1 (set)